永江誠司

カーネギーとジョブズの人生を拓く天国の対談

アドラー哲学を実践して得た100の金言

講談社+α新書

はじめに――カーネギーとジョブズから学ぶ人生の秘訣

この本は、自己啓発の技法開発者デール・カーネギーとアップルの創業者スティーブ・ジョブズの対論を、二人の発言（メッセージ）をもとに、バーチャルリアリティとして再現するものである。

ではなぜ、カーネギーとジョブズの教えを比べてみようと考えたか――それは、次のような理由による。

一つは、自己啓発者として知られるカーネギーの教えに、心理学者で精神科医のアルフレッド・アドラーの影響が色濃く反映されていることが挙げられる。アドラーの教えは、最近になって自己啓発を促すものとして多くの人の関心を引くようになった。人間関係に悩む現代人が「人の悩みはすべて対人関係の悩みである」とするアドラーの教えに共感を覚えたからではないかと思う。アドラーは現在、自己啓発の源流と見られている。

そして、アップルの最高経営責任者（ＣＥＯ）を務め、ｉＰｈｏｎｅなどを世に送り出し、まったく新しいライフスタイルを世界に広げたスティーブ・ジョブズ――彼の教えには、アドラーとカーネギーとの関連性があると確信するからだ。

そのジョブズは、二〇〇五年にスタンフォード大学の卒業式で有名な講演を行っている。そのなかで、ジョブズは学生たちにこう語りかけている。

「大学にいた頃は、将来を見据えて点と点を結びつけることはできませんでした。しかし、一〇年後に振り返ってみると、点と点が結びついていることがはっきりと見えるようになっていたのです。点と点は、未来を見越して結びつけることはできません。ただ、過去を振り返ったときにしか結びつけることができないのです」

人生は、いつも楽しいことばかりではない。それどころか、仕事でも家庭生活でも苦しいこと、わずらわしいことの連続である。しかし、そうした苦難に耐え続けて努力していけば、あるときに点と点が結びつき、苦痛やわずらわしかったことが意味あるものに変わっていく、そうジョブズはいう。

読者には、このこともジョブズのメッセージから読み取り、感じ取っていただけると確信する。そこから、仕事と人生の成功を実現してほしいと思う。

このカリスマ的経営者ジョブズは、二〇一一年に五六歳で亡くなった。一九五五年に六六歳で亡くなった先駆的自己啓発者カーネギーとは、いまは同じ地平にいる。生年で見ると、一八八八年生まれのカーネギーと一九五五年生まれのジョブズとのあいだには、六七年の開きがある。もしこの二人が対論することになったら、一体どのような内容と展開になるのだろうか。興味のあるところである。以下、仮想世界に踏み込んでみる。

働き盛りに亡くなったジョブズが自分の身近な人になったことで、カーネギーは彼に関心を持つようになった。斬新《ざんしん》な製品を作り、印象的なプレゼンテーションをし、人の心を動かし、購買行動に導く彼の手法に、カーネギーも魅せられていたのである。

一方、ジョブズのほうはといえば、新しい地平に立ってまだ右も左もよくわからないなか、あることを考えていた。自分はアップルという会社を興《おこ》し、それを世界的なものにしてきたのだが、一つだけやり残していたことがある。それは、自分の人生を自分の手で書き残すこと。自分の人生を総括してみたかったのだ。

確かに、彼の伝記はジャーナリストのウォルター・アイザックソンによって著《あらわ》された『スティーブ・ジョブズ』として残されている。名作ではあるが、ジョブズはそれを自らの手で残したかったのである。

だから『人を動かす』などの大ベストセラーを持ち、会社の経営にも精通しているカーネギーという人物に興味を持っていた。自分も、人を動かすためにたいへんな苦労と努力をしてきた。そこから自分なりの考えや方法論も持っている。それについてカーネギーと意見を交わしたいと思ったのである。

そこで、ジョブズはカーネギーに連絡をとることにした。幸いカーネギーのほうでもジョブズに関心を持っていたので、二人はカーネギーの住む館で会うことになった。ジョブズには、カーネギーに質《ただ》したい一〇のテーマがあった。それらは、「人生」「生き方」「心を整える」「仕事」「成功する秘訣」「人間関係」「人を動かす」「人を説得する」「人を変える」「愛と幸福」であった。

ジョブズは、これらのテーマについて自分の意見を持っている。したがって両者の話し合いは、ジョブズがカーネギーから一方的に話を聞き出す、あるいは教えを乞うというのではなく、両者が対等の立場で意見を交わす「対論」として行われた。

ジョブズは、昼過ぎにカーネギーの自宅に車で到着した。門を通り抜けるとボストンコモン（アメリカ最古の公立公園）の周辺にあるような古いイギリス風の館が見えてきた。館の奥の森から、カッコウの鳴き声が聞こえてくる。

車を玄関の横に止めると、なかから初老の紳士が出てきて、ジョブズをカーネギーのいる部屋まで案内してくれた。カーネギーは、雲のように柔らかいソファーのある部屋にジョブズを迎え入れた。

ジョブズ　ハーイ！　ミスター・カーネギー。初めまして。スティーブ・ジョブズです。お会いできて嬉しいです。ちょっと道を間違えて、遅れてしまいました。

カーネギー　やあ、スティーブ。デール・カーネギーです。私のことはデールと呼んでくれ。ところで、このあたりは最近住人が増えてね、道を間違えやすいんだよ。しかし君のそのヒゲ、よく似合っているね。イッセイ・ミヤケのデザインによる黒のハイネックセーターにリーバイスのジーンズ、それにニューバランスのスニーカーか。ｉＰｈｏｎｅのプレゼンテーションのときと同じスタイルだ。

ジョブズ　そうです。よくご存じですね。これが、私のスタイルです。あなたは写真で見たように、今日も品のよい服装ですね。

カーネギー　ありがとう。

カーネギーとジョブズは、柔らかなソファーにゆったりと腰を下ろした。

カーネギー　ところで、私と話をしたいということだけれども、どういうことなのだろうか。

ジョブズ　あなたは、いくつかのベストセラーを書かれていますね。たとえば、『人を動かす』は世界で一五〇〇万部以上、『道は開ける』は五〇〇〇万部以上売れていると聞いています。まさに、自己啓発書の古典として超ロングセラーを誇っている。

カーネギー　私の本について、よく調べていますね。

ジョブズ　『人を動かす』は、人生の成功や幸せな人間関係について述べられており、『道は開ける』は人生の悩みとその克服法について述べられています。

カーネギー　そうだね。かなり苦労をしながらまとめた本だ。それで……。

ジョブズ　私はいま、自分が生きてきた証《あかし》を残そうと考えているんです。

カーネギー　ほう、それはよい考えだ。

ジョブズ　「人生」「生き方」「心を整える」「仕事」「成功する秘訣」「人間関係」「人を動かす」「人を説得する」「人を変える」、そして「愛と幸福」について、あなたの考えを聞きながら、私の意見を述べてみたいのです。現代に生きる人にとって、これらのテーマのなかには、あなたとは相容《あいい》れない考え方もあるのではないかと思っています。現代の社会では通用しないといったような。

カーネギー　一〇個ものテーマですか。私の考えが通用しないこともある、ということですね。うーん、何かおもしろくなりそうだね。

――こうして、ジョブズの提案でカーネギーとの対論が始まった。

この本では、先にジョブズが示した一〇大テーマのもと、それぞれに設定された合計一〇〇の小テーマについて、カーネギーとジョブズの関係する一〇〇のメッセージを対にして示している。小テーマごとに、カーネギーとジョブズの考えを比較できるようにするためである。

ただ、すべての小テーマについて両者のメッセージを揃えて示すことのできないことがある。その場合は、関係の薄いメッセージを無理に用いるのではなく、すでに採用したもののなかから関係するメッセージがあれば、再度用いることで対応した。その場合は、メッセージに［既出］と明記している。［既出（重複）］のメッセージは、全二〇〇メッセージのうち五つである。

メッセージの表現は、原則そのままで採用したが、冗長な文章の場合は意を解してまとめているものがある。さらに、メッセージ全体の表現を統一するために一部修正を加えているものもある。また、メッセージの箇所に出典を記しているが、その表記は巻末の「主な参考資料」のそれに対応している。これらのことを予めご了解いただきたい。

また、メッセージが一見小テーマと関係ないように見えることもあるが、その場合は二人の対論を読んでもらえば理解できるようになっている。そして、カーネギーとジョブズの対論の主要な中身は、一部を除いて彼ら自身の言葉を引用して作成している。決して著者の作文ではない。

なお、二人の対論のなかで何度か繰り返し出てくる内容がある。それは、二人がそのことを重視してほしい、実践してほしいといっているのだと受け止め、読み進めてもらいたい。ジョブズは「創造性とは、何かと何かを結びつけることだ」といっている。読者の皆さんも、カーネギーとジョブズのメッセージと対論を比較しながら、その関係性を創造的に結びつけ、楽しみながら検証していってほしい。そして、時空を超えたバーチャルリアリティとしての二人の対論から、自分の人生を拓《ひら》く秘訣を学びとっていただければと願っている。

目次◉カーネギーとジョブズの人生を拓く天国の対談

第1章　人生

第2章　生き方

第3章　心を整える

第4章　仕事

第5章　成功する秘訣

第6章　人間関係

第7章　人を動かす

第8章 人を説得する

第9章　人を変える

第10章　愛と幸福

第1章　人生

①価値ある人生は自分で作る

今こそ「人生」という素晴らしい冒険をこの地球上で行なえる、唯一の機会である。だから、できる限り豊かに幸福に生きる計画を立て、実行することだ。

〈カーネギー『名言集』〉

それほどたくさんのことはできないのだから、一つひとつが本当に素晴らしいものでないといけない。だって自分の人生なのだから。人生は短く、やがてみんな死ぬ。そのなかでこうしようと決めたんだ。だったら、ものすごくいいものにしたい。価値あるものにしたい。

〈ジョブズ『スティーブ・ジョブズI』〉

カーネギー　まず、私の人生観について述べます。人はどのような仕事をするかによって人生観に影響を受ける。だから「もし人生に退屈しているなら、何か心からやりがいがあると信じられる仕事に没頭するのがよい」と思います。この仕事こそ生きがいだ、死んでも悔いはないという気持ちで働けば、必ず幸福な人生が訪れるはずです。

ジョブズ　デール、最初から力が入っていますね。ただ、私も自分の人生の目標を自分で決め、価値あるものにしたいと思っているんです。

カーネギー　そうだろう。この世は興味あるもので満ち満ちている。こんな素晴らしい世界で、だらだらと人生を送るのはもったいない。

ジョブズ　私は、旅の過程にこそ価値があると考えています。つまり、人生の終着点、たとえば墓場で一番の大金持ちになることは、私には重要じゃない。旅の途中でどれだけ楽しいことをやり遂げてきたか、そのほうがよほど大事なのだと。やるべきことを選び、それを全力で達成することのなかに、人生の楽しみと価値があると思っているのです。

カーネギー　そうだね。自分の人生を自分で作ること。そのなかで、幸福に生きるために計画を立てて実行することが大事なんだ。

ジョブズ　私も「人生は短く、やがてみんな死ぬ。そのなかでこうしようと決めることが大切なのだ」と思っています。その点では、あなたの人生観と似ていると思います。

②昨日と明日は忘れて生きる

人生とは、今日一日一日のことである——確信を持って人生だと言える唯一のものである。今日一日をできるだけ利用するのだ。何かに興味を持とう。自分を揺すって絶えず目覚めていよう。趣味を育てよう。熱中の嵐を体中に吹き通らせよう。今日を心ゆくまで味わって生きるのだ。

〈カーネギー『名言集』〉

昨日を振り返り、明日を夢見よ。そして、いまを生きよ。

〈ジョブズ『ジョブズ100の言葉』〉

カーネギー　確信を持って人生だといえるのは、今日一日だけです。だから、今日一日をできるだけ利用しなければならない。

ジョブズ　今日一日を精一杯生きることで、何が変わるのですか。

カーネギー　その人が一日をどう過ごすか、その差が人生の差を作るのです。

ジョブズ　あなたは「熱中の嵐を体中に吹き通らせよう」と、きわめて激しい言葉を使っていますね。どうして、そこまで熱くいうのですか。

カーネギー　それは、今日一日を大切に過ごし、一生懸命働けば、必ず未来には幸福な人生が待っているからです。あなたの考えも、同じように思えます。

ジョブズ　そうです。私も、過去と未来をつなぐ今日を懸命に生きることこそが、何よりも大切だと思っています。昨日のことを思い悩んだり、明日のことを不安に思ったりすれば、いまを懸命に生きることにならない。私たちが生きるべきは、今日のいまなのです。

カーネギー　あなたも、きわめて楽観的なんだ。

ジョブズ　そうです。楽観的な人間は、過去にこだわることをやめ、未来を不安視することもなく、現在を精一杯生きるのです。後先のことを考えず、いまが楽しければよいと思っているわけではない。そうではなく、過去の経験を生かし、現在と未来のために周到に備える人間なのです。そこが「楽天的」な人間との違い。「楽天的」な人間は、いまが楽しければそれでよいとだけ考えています。

③過去ではなく未来を描く

過去は元通りにはならない。いったんおがくずになったものをノコギリで挽いても始まらない。

〈カーネギー『道は開ける』〉

この業界で過去を振り返っていたら潰れていく。未来を見て前進していくべきだ。

〈ジョブズ『スティーブ・ジョブズの言葉』〉

ジョブズ　過去のことを考えると、どうしてもくよくよしてしまう。ああすればよかった、こうすればうまくいったのに、と。過去のことをくよくよ考えるのではなく、いま現在を大切にし、一緒に明日を作っていくことのほうが、より価値が大きいと考えるべきだ。

カーネギー　「過去にこだわるな」と私はよくいっている。一般的には「過去の経験に学び、同じ轍《てつ》を踏まないように未来に備えよ」というのが普通だろう。しかし、そこにこだわり過ぎてはいけない。

ジョブズ　そうですね。

カーネギー　私も、人が過去に固執することに対しては、特に警鐘を鳴らしたい。過去に起こったことは、何があっても覆《くつがえ》せないから。それに固執したって気が滅入《めい》るだけで、何も新しいことは起こらない。それよりも、明日を目指して徹底的に学び、働くべきだと思う。

ジョブズ　私はアップルに復帰したとき、社内に初期のマッキントッシュが保管されているのを見て、それをすぐに片づけるように命じました。

カーネギー　ほぉ、どうして。

ジョブズ　アップルがいま経営危機に陥っているときに、過去の栄光にすがりついている場合ではないと思ったのです。明確な目標とともに明日に向かって進んでいかなければならないことを社員に示したかったのです。

④人生の目標を決めたら迷わない

いくら苦しくても現実をしっかり見つめることだ。目標をしっかり定める。いったん目標が定まったら、ありとあらゆる時間をその実現のために注ぎ込む。自分の決心が正しいかどうか心配して、貴重な時間を浪費するな。あくまでやり通せ！

〈カーネギー『名言集』〉

アップルが第一に考えていた目標は、世界で一番のパソコンを生み出すこと。世界で一番大きな会社になることでも、一番の金持ちになることでもない。

〈ジョブズ『スティーブ・ジョブズⅡ』〉

カーネギー　人生の目的や目標を定めることの重要性について、私は心理学者アルフレッド・アドラーの考えを継承しています。

ジョブズ　どういうことですか。

カーネギー　アドラーは「やりがいのある仕事をするには、また価値のある人生を送るには、目標をしっかり定めることが大切だ」といっている。

ジョブズ　なるほど。

カーネギー　さらに、アドラーはこうもいっている。「一本の線を引くとき、目標を目にしていなければ、最後まで線を引くことはできない」と。

ジョブズ　わかりやすいたとえですね。

カーネギー　私はアドラーのメッセージを受けて、いったん目標が定まったら、ありとあらゆる時間をその実現のために注ぎ込み、貴重な時間を浪費することなく、あくまでやり通せ、とストレートにいっている。

ジョブズ　目標を定めて仕事に取り組むことは、私も守ってきたことです。私が目標としたのは、世界で一番の製品を作ることでした。

カーネギー　クオリティの高い目標だね。それで成功したのはすごいことだよ。

ジョブズ　私は、製品がすべてだと考えていました。だから、全精力を製品開発に注ぎ込みました。この目標があったからこそ、やりがいのある仕事をし続けることができたのです。

⑤誰よりも優れていることなどわずかしかない

人間は、理性の動物ではない。感情に動かされやすい、偏見に満ちた、自負心に動かされて行動する動物である。人を相手にするときは、常にこのことを忘れないことだ。

〈カーネギー『名言集』〉

誰よりも優れてできることなど、ほんのわずかしかない。

〈ジョブズ『スティーブ・ジョブズ自分を超える365日の言葉』〉

ジョブズ　あなたは、人間は感情の動物だといっていますね。

カーネギー　そうです。私は、人間は理性の動物であるというよりは、どちらかといえば感情の動物であるという人間観に共感しています。

ジョブズ　つまり、物事を理詰めで考えるというより、気分で判断すると。

カーネギー　そうですね。人間は偏見に満ちた、自負心に動かされて行動する、完璧ではない動物であることを忘れてはならない。

ジョブズ　人間には優れているところがあるが、それはほんのわずかでしかない、と私は思っているのです。つまり、人間は決して完璧ではない。

カーネギー　そうですね。その点では、私も同じ考えです。

ジョブズ　だからこそ、自分のなかの優れた能力を見つけ、それを磨き極める。そして、他の才能に優れた人との協力によって物事を成し遂げることが、ビジネスでも大切だと思うのです。

カーネギー　感情には人の心に訴え、行動を引き出す働きがある。さらに、感情は行動を引き出すだけでなく、制止する力を持っている。人は、それを自分に利をもたらすように使うことがある。たとえば、不安だから外出できないのではなく、外出したくないから不安を作り出しているようなケースです。

ジョブズ　子どもの不登校や青年の引きこもり、大人の出勤拒否なども、そのケースに当てはまることがあるということですね。アップルの社員のなかにも、そのような症状を示したケースがあります。

⑥自分は不完全であるという事実を認める

もし自分が間違っていたと素直に認める勇気があるなら、災いを転じて福となすことができる。過ちを認めれば、周囲の者がこちらを見直すだけでなく、自分自身を見直すようになるからだ。

〈カーネギー『名言集』〉

人生の時間は限られている。他人の人生を生きることは出来ない。そして最も大切なのは、自分の心に素直になる勇気を持つことだ。

〈ジョブズ『スティーブ・ジョブズ人生を変革する言葉』〉

カーネギー　先にもいったように、人間は完璧ではない。ときには間違いを犯す。しかし、もし自分が間違っていたと素直に認める勇気があるならば、災《わざわ》いを転じて福となすことができる、と私は考えている。

ジョブズ　そうですね。私たちが生きていられる時間は限られています。それを他人のために使っている余裕はない。したがって、一番大事なことは、自分の心に素直に従う勇気を持つことだ、と私も思っています。

カーネギー　そう。過ちを犯した不完全な自分を素直に認める勇気があれば、自らを改め、強い人間になることができる。完全な人間なんて、頭のなかには存在していても、現実には存在しないものです。

ジョブズ　でも、間違いを素直に認めるのは、そう簡単なことではありませんね。

カーネギー　だから、勇気が必要なのだ。妬《ねた》みや嫉妬《しっと》を伴う劣等感を感じたり、仕事で業績が上がらない、自分には能力がないと悩んでいる人は、ありのままの自分を受け入れることと。そして、自分の可能性に目を向けて、実際に行動を起こしていく勇気を持つことが大切だ。ありのままの自分を受け入れることは、不完全な自分を受け入れることでもある。

ジョブズ　私は、職業人として波乱の人生を送ってきましたが、病を得て死を意識することで、自分の心に直接向き合うようになりました。そこから、人生で一番大事なことは自分の心に素直に従う勇気を持つことだという心境に至ったのです。

⑦人は自分にしか興味がない

あなたの話し相手は、あなたのことに対して持つ興味の百倍もの興味を、自分自身のことに対して持っているのである。人と話をする時には、このことをよく考えていただきたい。

〈カーネギー『名言集』〉

誰だって自分のことで忙しい。だから、僕らが得意な分野のことは、僕らにやって欲しいんだよ。

〈ジョブズ『スティーブ・ジョブズ自分を超える365日の言葉』〉

ジョブズ　あなたは、人が他人に対して持つ興味は自分に持つ興味の一〇〇分の一だといっています。それだけ、人は自分のことに関心を抱いているのですか。

カーネギー　そうです。人は誰でも自分にしか関心がない。他者への関心がないわけではないが、それは自分自身に持つ関心の一〇〇分の一ほどでしかない。

ジョブズ　あなたは、ビジネスの成功には人間関係が大事だといっていましたが、そこにはあなた特有のシビアな人間の本性の見方があったのですね。

カーネギー　そう。きわめて厳しい見方だが、これが私の人間に対する合理的な見方です。

ジョブズ　私には、会社のあり方についても似たような経験をしたことがあります。私は、一つのパッケージとして顧客に提供できる製品を考えていました。その一部の作製を他社に依頼していたのですが、断られてしまいました。その会社は、自社の製品開発にしか関心がなく、他社の製品を作っている暇はなかったのです。会社だって、まずは自社のことにしか興味はないのだということを思い知らされました。だから、自社の製品は自社で責任を持たなければならないと痛感しました。

カーネギー　人は、個人でも集団でも、まずは自分や自社のことを優先して考えているということを肝《きも》に銘じておくべきですね。それを前提に、人間関係を作っていかなければなりません。

⑧人は常に自分は正しいと思っている

人間は、たとえ自分がどんなに間違っていても、決して悪いとは思いたがらない。彼自身は「自分が間違っている」とは思っていない。

〈カーネギー『人間関係の秘訣は、カーネギーに聞け』〉

何があったのかというと、デザイナーたちがこの素晴らしいアイディアを思いついた。そこでエンジニアのところへ持っていくと、「だめだ、できるわけがない」。で、大幅に改悪される。次に製造部門へ持っていくと、「つくれやしない！」。で、また大幅に改悪されるという寸法だ。〈ジョブズ『スティーブ・ジョブズ　驚異のイノベーション』〉

カーネギー　人は誰でも自分は間違っていない、善良で正しい人間だと思っている。それは、罪を犯した人間であっても同じなのだから、普通の人間であればなおさらそうだ。

ジョブズ　自己肯定感というやつですね。自分の非を認めても、本心では間違っていないと。その根拠は、どこから来ているのですか。

カーネギー 現状に合っていないにもかかわらず、人は現実をねじ曲げてでも、自分は正しい、間違っていない、と思い込む本性があるからです。

ジョブズ 人間の本性ですか。よくわからないな。

カーネギー 人は自分をおかしな人間だとは思っていない。自分はまともだと信じている。もちろん、後悔したり反省したりするけれども、それでも本心では「自分は間違っていない」と。これは、人間の本性であるとともに、私の数多い臨床経験からもそういわざるをえないのです。

ジョブズ 私が製品開発で狙っていたのは、ライバルよりちょっといいものを作る「改善」ではなく、他の追随を許さない圧倒的に優れたものを作る「革新」でした。

カーネギー なるほど。他社の追随を許さない革新的製品ですか。

ジョブズ そのためには、固定観念に支配された「できるわけがない」ではなく、「どうすればできるか」という革新の思想を持つことが大切なのです。人が固定観念を持っていることは確かですが、それは変えられるものだと思います。

⑨人と議論しても意味はない

議論に負けても、その人の意見は変わらない。

〈カーネギー『人を動かす』〉

僕のいちばんの貢献は、本当にいいもの以外にはつねに口を出し続けたことだ。

〈ジョブズ『スティーブ・ジョブズ名語録』〉

カーネギー　人は自分が間違っているとは思っていないのだから、その人と議論をして論破しても意味はない、と私は思っています。

ジョブズ　でも、議論をしなければ、人は変わらないのではないですか。

カーネギー　そうだろうか。議論して論破されたほうは、自分の考えを変えるのではなく、反発と遺恨だけを保持する。論破したほうも、相手との関係がギクシャクしてくるので、結局は負けなのです。

ジョブズ　勝ち負けは関係ないと思います。世界一の製品を作るには、議論してお互いの考えをよりよいものに変えていくことが欠かせません。

カーネギー　私の考えはあなたと違う。相手が間違っていても、それを指摘して論破するのは意味がないから、止《や》めたほうがよいといっています。

ジョブズ　それではいい仕事ができないのではないですか。

カーネギー　相手にも自分にも、得にならないことをして自己満足したところで何にもならない。それよりも、相手との関係をよくすることのほうがもっと大切だ。特に仕事を成功させるには、人間関係はそれほどまでに大事なものなのです。

ジョブズ　私は、よいアイディア、よい製品作りには口出ししないのですが、そうでないものに対しては徹底的に議論し、相手の考えや判断を変えて、よりよいものにする戦略をとってきました。製品開発の激しい競争に勝ち残るには、しのぎを削る議論を繰り返していかなければならないと思います。

⑩人は自分を好きになる人を好む

親切は相手が好きだという印であり、親切を受ければ、相手もある程度までこちらが好きになる。

〈カーネギー『名言集』〉

クレイジーな人たちをたたえよう。はみ出し者、反逆者、トラブルメイカー、彼らは四角い穴に丸い杭を打ち込む。彼らを無視することはできない。なぜなら、彼らは物事を変えるからだ。彼らは人間を前進させる。彼らはクレイジーといわれるが、私たちは天才だと思う。

〈ジョブズ『スティーブ・ジョブズII』〉

ジョブズ　私は、才能はあるが変人と見られている人に対して、彼らの持つ特異な性質を受け入れて敬意を払い、天才だと評価する態度で接しています。

カーネギー　人は誰でも、自分に好意を持ってくれた人を好きになるものです。

ジョブズ　そのことは、間違いありませんね。

カーネギー　人はどんな人を友だちと思うようになるのか、そして生涯を共にするパートナーと考えるようになるのか、という疑問に対する答えがこれです。

ジョブズ　私は、変人と見られている人に受容と敬意の態度をもって接し、彼らとの信頼関係を築き、大きな仕事をするチームを作ってきました。人の個性を認め、評価することが、良好な人間関係を作るのに大切だと思っています。

カーネギー　深い人間関係を代表するものとして、夫婦関係があります。結婚は、夫婦それぞれが相手に何を与えるか、どんな喜びを与えるかを考え、それを実行する関係です。

ジョブズ　私たち夫婦も、お互いに尊重し合う関係を大切にしてきました。

カーネギー　夫婦は決して、自分だけが何かを与えてもらい、自分だけの要求を押し通すような関係ではありません。自分が上で相手が下と考え、一方的に批判していたのでは、夫婦関係がうまくいくはずがありません。夫婦関係は、相互に対等な関係にあることが基本であり、それがあってこそ、互いに愛する関係を作っていくことができるのです。

第2章　生き方

⑪人生はチャンスに満ちている

チャンスを生かせ！　人生にはチャンスが満ちあふれている。普通、成功する人はチャンスを生かそうとする人だ。

〈カーネギー『名言集』〉

私はまだ三〇歳だ。もの作りを続けるチャンスが欲しい。少なくとも、頭のなかにはもう一つ、素晴らしいコンピュータの構想がある。アップル社は私にそれを作るチャンスを与えようとしない。

〈ジョブズ『スティーブ・ジョブズI』〉

カーネギー　チャンスを生かすかどうかで、成功するかどうかが決まります。成功する人は、必ずチャンスを生かそうとする人なのです。

ジョブズ　チャンスに恵まれない人は、どうするのですか。

カーネギー　チャンスに出会わなかったのではない。それを見逃しただけなのです。

ジョブズ　それではチャンスを見逃さないためには、どうすればよいのですか。

カーネギー　目標を持つことです。そうすれば、目標を実現する努力を怠らず、常に身の回りに起こっていることに注意の目を開くことができます。

ジョブズ　私は、生涯を通して世界最高の製品を作ることを自分の目標にしていました。しかし、それを実現するチャンスを会社が与えてくれないことを痛恨事と思いました。

カーネギー　会社が目標を実現するチャンスを与えてくれない？

ジョブズ　実は、私はアップルを追放されたことがあるのです。

カーネギー　成功と幸福は主として目標の問題であり、目標は社会に貢献することを通して実現されるのですが、それであなたはどうしました。

ジョブズ　新しい会社を作り、新たな目標の達成を目指して働き始めました。そして、最終的にはアップルに復帰することになりました。それで、再び世界最高の製品を作るというチャンスを与えられたのです。

⑫目標なしにチャンスはつかめない

チャンスに出会わなかった人間など一人もいない。ただ、それをつかまなかっただけだ。

〈カーネギー『名言集』〉

残りの人生も砂糖水を売ることに費やしたいですか、それとも世界を変えるチャンスが欲しいですか？

〈ジョブズ『スティーブ・ジョブズⅠ』〉

ジョブズ　私は、有能な人材を数多くヘッドハンティングしてきました。そういう意味からすれば、私は人にチャンスを与えてきたといえます。

カーネギー　どんな人をハンティングしたのですか。

ジョブズ　たとえば、ペプシコーラ社の事業担当社長をしていたジョン・スカリーをアップルに引き抜いたことがあります。

カーネギー　その人のどういうところがよかったのですか。

ジョブズ　スカリーは当時、コカ・コーラ社を抜いて業界トップの地位を築いた人物なのです。私の経営パートナーとして、最適の人物だと判断しました。

カーネギー　どういうふうに彼を口説《くど》いたのですか。

ジョブズ　「残りの人生も砂糖水を売ることに費やしたいですか、それとも世界を変えるチャンスが欲しいですか？」といいました。

カーネギー　なるほど、人をしびれさせる言葉ですね。それでスカリー氏は？

ジョブズ　承諾しました。彼も世界を変えるチャンスをつかみたかったのです。

カーネギー スカリーは、やって来たチャンスをパッとつかんだのだ。人生のなかで、チャンスはけっこう数多く訪れてくる。しかし、多くの人がそれをつかみ損《そこ》ねている。それによって、成功と幸福をつかむチャンスも逸している。

ジョブズ 目標を持たずに人生を送っていると、チャンスをつかみ、成功と幸福を得ることができないのですね。

⑬自分の気持ちと直感に従う勇気を持つ

やるべきことは、どの考え方が自分にとって自然であるかを見出し、その考え方に従うことだ。

〈カーネギー『名言集』〉

何より大事なのは、自分の気持ちと直感に従う勇気を持つことだ。自分が本当はどうなりたいのか、心の奥底ではなんとなくわかっているものだ。

〈ジョブズ『スティーブ・ジョブズ 驚異のイノベーション』〉

カーネギー どの考え方が自分にとって自然であるかを見出し、その考え方に従うことが大切だと私は思う。

ジョブズ　自分にとって自然であるかどうかを見出す、ですか。

カーネギー　どの考えが自分にとって自然であるかを見極めることは、簡単なことではない。しかし、自分の人生を自分で創っていくうえで、そのことは欠かせない。人は、あらゆることを自分で決めていく。

ジョブズ　私は、自分の気持ちと直感に従う勇気を持つことが、何よりも大事だと考えています。自分のことは自分で決めるという自己決定の考えは、私の経営戦略の要《かなめ》にもなっています。

カーネギー　自分のことを自分で決めることで、結果に対する責任感を強めるのです。他に転嫁しない。自分のせいと受け止める。自分の人生は自分でコントロールする。そうでなければ、他者にコントロールされてしまうことになる。

ジョブズ　そうですね。たとえ他者の助言によって決めた場合でも、最終的に決めたのは自分自身なんですよね。その際、何より大事なのは、自分の気持ちと直感に素直に従って決めることです。

カーネギー　そうなのです。自分の判断で自分の態度や行動の仕方を変え、自分が関わる環境や組織さえも変えていくことができるのです。それほどに、私たちは本来、積極的で主体的な存在なのです。

⑭決断や行動は価値観の鏡である

真に心の平安を得るには、正しい価値判断ができなければ駄目だ、というのが私の信念だ。だから自分用の金科玉条をつくる気があれば、あらゆる悩みの五十パーセントは、必ず消え去る。その金科玉条とは、自分の人生にとって、どんなものが価値があるかを判断する、測定基準である。

〈カーネギー『名言集』〉

核にあるのは我々の価値観であり、我々が下す決断や行動が、その価値観の鏡なのだ。

〈ジョブズ『スティーブ・ジョブズ人生を変革する言葉』〉

ジョブズ 我々が普段、自我だと思っているものは、好き嫌いや習慣などの寄せ集めに過ぎません。しかし、その核にあるのは我々の価値観であり、我々が下す決断や行動が、その価値観の鏡なのだと思っています。

カーネギー 価値観ですか。難しい問題を出してきましたね。でも、大切な問題です。その人の価値観は、その人の決断や行動に表れるということですね。決断や行動が価値観の鏡というのは、うまい表現ですね。

ジョブズ　あなたは、価値観をどう考えていますか。

カーネギー　私は、自分用の金科玉条《きんかぎょくじょう》を価値観と考えています。この場合の金科玉条とは、人生にとってどんなものに価値があるかを判断する基準のこと。「心の平安を得るには、正しい価値判断ができねばだめだ」というのが、私の信念です。

ジョブズ　精神の安定に、正しい価値判断が関係しているというわけですか。

カーネギー　自分用の金科玉条を作る気があれば、あらゆる悩みの五〇パーセントは必ず消える。だから価値観は、私たちの社会的適応力を決めるものといえるでしょうね。

ジョブズ　私たちの価値観が、仕事や人間関係の成功を決めていると考えてよいのですね。

カーネギー　それと、悩みの五〇パーセントは消すことができるということだね。

⑮潜在能力は学習や練習で獲得される

我々には自分のまだ知らない能力が隠れている。夢としか思えないようなことを成し遂げる力がある。誰でもいざとなったら立ち上がって、前には不可能と思えたことでも立派にやり遂げることができるのだ。
〈カーネギー『名言集』〉

お膳立てさえしてやれば、みんな自分で思ってた限界を上回る仕事ができるんだ。歴史に残るような、本当にすばらしい仕事が。
〈ジョブズ『逆境を乗り越えるジョブズ魂の言葉』〉

カーネギー　誰でもいざとなったら立ち上がり、以前には不可能と思えたことでも立派にやり遂げることができます。私たちには、夢としか思えないようなことを成し遂げる力が隠されているのです。

ジョブズ　以前には不可能と思えたことをやり遂げることができるのは、いったい何によるのでしょうか。

カーネギー　自分のなかにある潜在能力とでもいえるものだと思っています。しかし、それは生まれながらに持っているものではなく、経験的なものです。つまり、学習し、練習し、研究して獲得されたものです。

ジョブズ　それが、いざとなったら立ち上がり、夢としか思えないようなことを成し遂げる力ということですか。

カーネギー　才能や遺伝に関係なく、誰でもやろうと決心したらできるのです。しかし、その前に諦《あきら》めてしまう人が多い。「どうせ、自分にはできっこない」と。最後まで、諦めてはいけないのです。

ジョブズ　実は、私も人はお膳立てさえしておけば、みな自分で思っていた限界を上回る仕事ができると考えています。つまり、才能や遺伝に関係なく、適切な環境や条件を整えてやれば、人は努力をし、自分の能力と意欲を最大限に生かしていこうとする。それが、自分で思っていた限界を上回る仕事につながるのだと考えています。

⑯人はみなアーティストである

あなたが歌えるのは、いまのあなたの姿であり、あなたが描けるのは、いまのあなたそのものだ。

〈カーネギー『人を動かす』〉

君たちは、技術と芸術を融合させるアーティストだ。すぐれた技術には、直感や想像力が必要とされる。すぐれた芸術には、修練や規律が必要である。そしてすぐれた製品には、使いやすい技術と芸術的な価値観が必要である。技術と芸術は切り離せるものではなく、常に混在している表裏一体のものである。

〈ジョブズ『スティーブ・ジョブズII』〉

ジョブズ　私は、社員を技術と芸術を融合させるアーティストだと考え、いつも彼らにそのようにいっていました。

カーネギー　技術者が、アーティストということですね。

ジョブズ　新製品の開発に当たって、技術者である彼らに「優れた芸術家になれ」といい続けました。私は、技術と芸術が別のものだと思ったことは一度もありません。

カーネギー　もう少し、具体的に説明してくれませんか。

ジョブズ　優れた技術には、直感や想像力が必要とされます。優れた芸術には、修練や規律が必要です。そして、優れた製品には、使いやすい技術と芸術的な価値観が必要です。だから、技術と芸術は切り離せるものではなく、常に混在している、表裏一体《ひょうりいったい》のものなのです。

カーネギー　私は、いまの自分を創り、その自分を表現できるのは、いまの自分をおいて他にはいない、と思っています。それを「歌う」「描く」といった言葉で、人を芸術家に見立てて表現しています。芸術家である人は、創造的に自分の人生を創っていく。これらの点では、あなたの考えと似ているところがあります。

ジョブズ　私は、自分の会社を世界一にすることも、世界一の金持ちになることも望んでいません。ただ、技術と芸術が融合した製品作りに最大の価値を置いた人生を送りたいと思っているのです。

⑰他人の意見ではなく、「内なる声」だけに従って生きる

もし自分の心をとらえて離さない考えがあれば、やかましい世間の合唱には耳を貸すな。「内なる声」が告げることにだけ、耳を傾けることだ。
〈カーネギー『名言集』〉

他人の意見なんかで「内なる声」を無視してはダメだ。大切なのは、自分の心と直感に従う勇気を持つことだ。
〈ジョブズ『逆境を乗り越えるジョブズ魂の言葉』〉

カーネギー　もし自分の考えがあり、それについて周囲の者がとやかくいったとしても、それに取り込まれてはならないと考えています。

ジョブズ　「周囲の意見に耳を傾けろ」という人もいますが。

カーネギー　それらの声は、その人たちのものであって、自分のものではない。だから、自

分の「内なる声」が告げることだけに耳を傾けるべきだ。決して、周囲の声をそこに踏み込ませてはいけない。

ジョブズ　周囲の人の声よりも、自分の「内なる声」に耳を傾けることが大事だと。

カーネギー　そう。もし自分の心をとらえて離さない考えがあるのならば、やかましい世間の合唱には耳を貸すな、ということですね。「内なる声」が告げることにだけ、耳を傾けるのです。

ジョブズ　私もあなたと同じように「自分の『内なる声』に耳を傾けるべきだ」とつねづね自分にも仲間にもいっています。他人の意見によって自分の心の声を無視してはいけない。自分の心と直感に素直に従う勇気を持つことが大事だ、と。

カーネギー　その通りです。自分の心に忠実に判断できるかどうかで、その人の人生は変わってくる。

ジョブズ　私は、年齢が離れ、生きた時代も違うあなたと、人間関係や仕事の進め方で同じような考えを持っていたことに驚きを感じています。

カーネギー　私もそうです。あなたは、優れた経営者であったということです。

⑱相手を変えるより自分が変わる

他人の欠点を直してやろうという気持ちは、確かに立派であり称賛に値する。だが、どうしてまず自分の欠点を改めようとしないのだろう。〈カーネギー『人を動かす』〉

僕はそういう人間さ。他の人間になんかなれっこないよ。
〈ジョブズ『スティーブ・ジョブズ自分を超える365日の言葉』〉

ジョブズ　人の性格は、そう簡単に変えることはできないですよね。

カーネギー　そうだね。自分を変えることもそうだけど、他人を変えることは特に難しいし、同時にリスクも大きい。

ジョブズ　リスク？　人を変えるのにどんなリスクがあるのですか。

カーネギー　自分は間違っていると思わない人に、欠点を指摘し、直そうとしたところで、変わるわけはなく、逆に反感と敵対心を抱かれるのがオチなんだ。善意で変えようと思っても、あなたは相手に反感や敵対心を持たれるというリスクを負うだけだ。

ジョブズ　相手に反感や敵対心を持たれずに事態を改善していくには、どうしたらよいのですか。

カーネギー　私は、他人を矯正《きょうせい》するよりも、自分を変えるほうがよほど得であり、リスクも小さいと考えています。つまり、自分を変えることが、相手を変えることより先なのだ。そのほうが、相手と安全で良好な関係を作ることができる。

ジョブズ　私は、社員に辛辣《しんらつ》な言葉で当たることが多かったので、友人からそのことを指摘され、それを変えるように諭《さと》されました。それで、ときには相手に謝ることもありましたが、「つまり、僕はそういう人間なんだよ」と答えることも多かった。私は、自分の性格を容易には変えられなかった。だから、自分を変えることには簡単に同意はできません。

⑲人は目標があれば日々変われる

常に心を変化に向けて開いておこう。変化を歓迎しよう。もてなそう。自分の意見や考えを何度も検討し直して、はじめて人間は成長できるのだ。〈カーネギー『名言集』〉

貢献するということは、技術とか革新ではなく、生き方を変えるようなことだ。

カーネギー　現在の自分に留《とど》まるのではなく、未来に向けて自分の心を、自分自身を、そして自分の生き方を変えていかなければならない。

ジョブズ　時には自分や自分の生き方を変えていかねばならないことは理解できます。ただ私は、年齢を重ねるだけ、自分を変える、あるいは心を変えることは、難しくなるのではないかと考えています。しかし、自分を変えることが必要だと思うのは、自分の経験から、また先達の助言から、そうしなければ、自分の未来や会社の将来はないと思っているからです。

カーネギー　会社の経営のことを考えれば、社会の変化に応じてリーダーとしての自分を変えていくことを求められるでしょう。あなたは、自分の性格を変えることは難しいといっていましたが、自分を変えることができますか。

ジョブズ　最終的にはできると思います。私は、世界で一番の製品を作ることを目標にしてきました。この目標を達成することを考えれば、自分を変えていくことはできると思います。それほどに、私にとって目標を達成することは、何事にも代えられない大事なことなのです。

カーネギー　そうですね。人は、目標があれば日々変わることができます。

ジョブズ　私は、アップルを追放されたとき、自分と初めて真剣に向き合いました。その経験から、アップルに復帰したとき、自分は変わったと気づきました。人の心を理解するようになっていたからです。

⑳今日なすべきことだけに集中する

悩みに対する戦略を知らない者は、若死にする。このことは、ビジネスマンでも、家庭の主婦でも、獣医やレンガ職人でも同じことだ。この警告に留意すべきだ。

〈カーネギー『道は開ける』〉

もし今日が人生最後の日だったら、今日やろうとしていることをやりたいと思うか？

〈ジョブズ『スティーブ・ジョブズ全発言』〉

ジョブズ　人には必ず最後の日が訪れる。例外はない。その限られた時間を価値あるものにするには、時間を無駄にすることはできないし、今日一日を有意義に過ごすことが何より大切だと私は思っています。死に向かって今日一日を価値あるものにすべきだと、ずっと考えていました。

カーネギー　いつの時代も、そしてどこでも、悩みやストレス、不安や恐れを感じない人はいない。それらは、自分の心を傷つけるものです。したがって、私たちはそれをなくす方法を考えていかなければなりません。

ジョブズ　悩みやストレスをなくすには、何に一番気をつけねばなりませんか。

カーネギー　人がなぜ悩みやストレスを感ずるようになるかといえば、それは将来のことを考え過ぎるから。だから、悩みやストレスへの対処法としては、今日なすべきことにエネルギーを集中することです。

ジョブズ　どのような人が、悩みやストレスを感じやすいのですか。

カーネギー　まじめな人ほど過去を反省して悔やみ、将来のことを考えて心配する傾向が強いもの。このような人の対処法は、今日一日を精一杯努力して働くことです。悩みに対する戦略を知らないと、若死にしてしまいます。

ジョブズ　死に向き合ったとき、我が身の不運を嘆き日がな一日泣き暮らすか、できることを見つけて一日を充実させて過ごすか、それは自分で決めることができます。その日一日を積極的に充実させて過ごすことが大事だと思います。

第3章　心を整える

㉑劣等感をありのままに受け入れる

自分の欠点ばかり気になり出したら、そんな劣等感を直してくれる人間はこの世に一人しかいない。つまりあなた自身だ。
〈カーネギー『名言集』〉

私がこれまで挫《くじ》けずにやってこられたのは、ただ一つ。「自分がやっている仕事が好きだ」という、ただそれだけなのです。
〈ジョブズ『スタンフォード大学卒業講演』〉

カーネギー　劣等感を感ずると、それは不快なので、人はその不快な状態から快の状態へと自分を変えようとして補償行動を起こします。

ジョブズ　具体的には、どのような補償行動を起こすのですか。

カーネギー　たとえば、身体を鍛え、勉強し、コミュニケーション能力を伸ばすといった活動を起こし、自分の感じている劣等感をなくそうとします。

ジョブズ　それが、不快な状態を快の状態へ変えていくというわけですか。

カーネギー　そうです。補償行動を起こすことによって、人は、いまの自分をよりよい自分に変えていき、理想とする自分に近づけていこうとするのです。

ジョブズ　私は、自分が仕事のうえで決定的な挫折を経験しなかったのは、好きな仕事をしてきたからだと思っています。アップルを解雇されたとき、確かに落ち込んだ時期はあったのですが、やがてその期間が自分にとって大きく飛躍する価値ある日々であることに気づきました。自分にとって、最も創造的な日々であったと思います。それによって、私は大きく変わることができました。

カーネギー　劣等感を直して、よりよい自分に変えることができるのは、自分自身しかいない。あなたは、それを実践したのです。

ジョブズ　自分が好きで選んだ仕事なら、たとえ失敗したとしても、自分で納得し、それを受け入れることができます。不完全な自分、ありのままの自分をまず受け入れることが、自分を変えていく一番の対処法だと思います。

㉒劣等感とは成長するためのバネだ

他人のために尽くすことだ。そうすれば、つまらない劣等感など朝霧のように跡形もなく消え失せてしまう。

〈カーネギー『名言集』〉

当時は気づかなかったが、アップルを解雇されたことは、私の人生で起こった最良の出来事だったと、あとでわかった。成功者であることの重さが、再び創始者になることの身軽さに置き換わった。何事につけても不確かさは増したが、私は解放され、人生のなかで最も創造的な時期を迎えました。〈ジョブズ『スタンフォード大学卒業講演』〉

ジョブズ　先に話したように、私はアップルで、一九八四年にマッキントッシュを発売しましたが、大きな赤字を計上してしまいました。するとCEOのスカリーは私を解任、アップルから追放することを決定しました。当時の私は敗北者で、シリコンバレーから逃げようとも考えました。

カーネギー　ビジネスマンにとって、失業は耐えがたい苦痛・屈辱《くつじょく》であり、強く劣等感を感ずるものです。

ジョブズ　自分が作った会社から追放されたのだから、当時は何も考えられず、疲労困憊《こんぱい》の状態でした。しかし、そこで挫折し、劣等感に負けてはいけないと思ったのです。失業の経験をバネにして、新たな目標を立て、創始者として再生しようと決心した。そして、それは最終的にアップルに復帰することで達成されました。

カーネギー　劣等感のなくし方は次の言葉に尽きます。すなわち、「自分自身のことを忘れよ。恥ずかしくなってきたり、気おくれしたり、自分が気になりだしたりしたら、すぐその場で何か他のことを考えることだ。人と語り合う際には、その話題だけを念頭に置く。相手がこちらのことをどう思っていようが、決して気にしない。自分のことは忘れて、先を続けることだ」。これが、劣等感に潰されない方法です。

ジョブズ　劣等感をバネにして、自分を向上させるということですね。

㉓自分の心と直感を信じる勇気を持つ

勇気は、人の偉大さをはかる物差しである。自分の理想像のレベルに達するまで頑張ることだ。

〈カーネギー『名言集』〉

自分の心と直感を信じる勇気を持ちなさい。それはどういうわけか、あなたが本当になりたいものを既によく知っているのだから。それ以外のことは全部、二の次の意味しかない。

〈ジョブズ『スティーブ・ジョブズ自分を超える365日の言葉』〉

カーネギー　勇気について話しましょう。勇気は私たちが仕事をしていくとき、自分の判断や目標に大きな影響を与えるものです。一般に、仕事に勇気が必要だということを多くの人は考えていません。

ジョブズ　私のように好きな仕事に賭けた者にとって、仕事と勇気は切り離せないものです。特にリスクの大きい仕事を始めるときの勇気、失敗してしまったときにそれを認める勇気は、仕事と勇気の関係を示す例です。もし自分が間違っていたと素直に認める勇気があるなら、災いを転じて福となすことができる、と私も思います。

カーネギー　どれだけ自分の理想像に近づけるか、それはひとえに自分の勇気の大きさにかかっています。私たちの多くは、かつて自分が思い描いた以上の勇気を持っているのです。目標を抱き、それを実現すべく努力を重ねていけば、自らの内に隠されていた勇気によって大きく飛躍することができます。

ジョブズ　私も、自分の心と直感を信ずる勇気を持つことが大事だと考えています。これが、なりたい自分になること、好きな仕事をすることに生涯を賭けてきた私の、勇気に対する考え方です。

カーネギー　あなたは、大きな勇気を持っている人であり、不完全さを認める勇気、誤っていることを認める勇気を持っている人だと思います。

㉔勇気は心からも行為からも生まれる

勇気ある人間になりたければ、本当に勇気があるかのようにふるまう。こうすれば元気が出てきて、「自分だって、あれくらいのことはできるのだ」という気になるから妙だ。

〈カーネギー『名言集』〉

他人の意見で自分の本当の心の声を消してはならない。自分自身の心を信ずる勇気を持ちなさい。

〈ジョブズ『逆境を乗り越えるジョブズ魂の言葉』〉

ジョブズ　今度は私から、勇気を持つために大切なことについて話をしたいと思います。私は、勇気というものは、自分自身の心を信ずることによって生まれると思っています。つまり、自分の心を他人によって左右されたのでは、勇気は出てこない。なぜって、それは自分自身ではないからです。

カーネギー　そうですか。自分自身の心を信ずることで勇気を持つことができると考えているのですね。が、私の考えている勇気の持ち方は、あなたとは違うものです。

ジョブズ　ほぉ、私の勇気の持ち方とは違うやり方って、どんなものですか。

カーネギー　私は、勇気が行為から生まれてくると思っているのです。それは、本当に勇気があるように振る舞うことです。そうしていると元気が出てきて、自分にもできると思えるようになるのです。

ジョブズ　私の信念は、自分の好きな仕事をして、世界最高の製品を作ることです。それには、人に惑わされてはいけない。自分自身の心と直感を信じ、実行していくのです。

カーネギー　あなたは心から勇気が生まれると考え、私は行為によって勇気が生まれると考えています。私は、人の勇気は対人関係のなかで獲得されていくものと考えています。勇気は社会的な実践を通して身に付くものだ、と。だから、心が先か行動が先かといえば、やはり後者だと私は思います。

㉕感謝の意を伝えアーティストとして勇気づける

やる気を起こさせる唯一の方法は、協力したいと思わせることなのです。そして、そのためのベストの方法が、感謝して正当に評価すること、そして励ますことなのです。

〈カーネギー『人を動かす』〉

すぐれた人間たちの小さなチームをいくつもつくって、それをまとめ、彼らに思い切り夢を実現させてみたらいいのさ。僕たちはエンジニアじゃなくて、芸術家なんだから。
〈ジョブズ『スティーブ・ジョブズ全発言』〉

カーネギー　私は、激励して人の能力に自信を持たせることを大切にしています。だから、人を「ほめる」ことでやる気を起こし、能力に自信を持たせることは難しいと思っています。

ジョブズ　「ほめる」ことではなくて、どんな方法で人を勇気づけるのですか。

カーネギー　人のやる気を引き出す唯一の方法は、協力したいと思わせることです。それを引き出すのが、相手に感謝の気持ちを伝えること、そして、励まして勇気づけることなのです。「ありがとう」という感謝の気持ちを伝え、「うれしい、助かったよ」という気持ちを素直に伝えて相手を励ますことが、相手への勇気づけになり、結果、これからも協力したいと思ってもらえるのです。

ジョブズ　私は仕事仲間の夢に働きかけ、「君たちはエンジニアではなく、アーティストだ」という評価を与えています。このように相手を評価することでやる気が起こり、会社に協力したいと思うようになると考えています。

カーネギー　私は、人に感謝と激励の気持ちを伝えて勇気づけ、やればできると思い込ませます。そうすれば、人は自分に能力があることを示そうとして懸命に努力するようになります。「ありがとう」「助かったよ」という言葉かけで勇気づけ、その人が協力したいという意欲を引き出すことができる。

ジョブズ　「君たちはアーティストだ」という激励こそ、人を勇気づけるのに有効だと思っていますが、この点では、あなたのやり方とはやはり違いますね。

㉖人に与えた幸福は必ず自分に戻ってくる

人生はまさにブーメランだ。人に与えたものは手元に返ってくる。

〈カーネギー『名言集』〉

私たちは他人が作った服を着て、他人が創った言葉をしゃべり、他人が創造した数学を使っています。何がいいたいかというと、私たちは常に何かを受け取っているということです。だから、その人間の経験と知識の泉に、何かをお返しできるようなものを作ることは素晴らしい気分です。

〈ジョブズ『スティーブ・ジョブズII』〉

ジョブズ　貢献、特に社会的貢献について話をしましょうか。自分だけでなく、仲間や世の中の利益を大切にすること。受けるよりも多く相手に与えること……そうした貢献が、幸福になる唯一の道であると私は考えています。つまり、「与えよ、さらば与えられん」ということですね。

カーネギー　私も、人生を幸せに生きるには、他の人を幸せにすることが大切であり、そのためにも人は努力して能力を獲得し、それを自分のため、そして他人のために生かすことが大事だと思っています。だから、あなたの話は私の考えと似ていると思って聞いていました。

ジョブズ　いま私たちが便利に生活できているのは、先人が遺《のこ》してくれた文化や文明のおかげだと思います。

カーネギー　そうですね。もう少し具体的に話してみてください。

ジョブズ　つまり、言葉も数学も、食べ物も服も、道路や建物も、そして電話や自動車も、それらはすべて先人が創り出したもの。だから私は、先人が遺してくれたものにお返しができるものや、人類に貢献できるものを創り上げたいと考えました。先人から受けた幸福を、人類に返すためです。

カーネギー　私は、人生の幸せは、人に与えたものがブーメランのように手元に返ってきてもたらされると考えています。人生は、まさにブーメランだ。人に与えた幸福は、必ず手元に返ってくると信じます。

㉗過ちは誰でも犯す、素早く認めるべし

どのような状況であれ、過ちを犯したときには、それを素早く、十分に、心から認めることが一番賢明である。

〈カーネギー『人を動かす』〉

革新的なことをしていると、たまには過ちを犯す。一番よいのは、すぐその過ちを認めて次の革新を急ぐことだ。

〈ジョブズ『ジョブズ100の言葉』〉

カーネギー　過ちに対応することについて話をしませんか。私たちのような仕事をしていると過ちを犯すこともあります。そのときにどう対処すればよいのか、あなたはどう思いますか。

ジョブズ　そうですね。私たちの仕事は、責任を持ってユーザーに完璧な使用体験を提供することだと考えています。だから、ユーザーから見て満足のいくレベルに達していないのなら、それは単純に私たちの過ちだと思います。

カーネギー　そのようなとき、その過ちに対して、あなたたちは一体、どう対処するのですか。

ジョブズ　私たちは、製品開発に細心の注意を払っています。だから、その過ちに対しては真摯《しんし》に受け止め、それを認めて冷静に対処しなければならないと考えています。

カーネギー　私は、もし自分が過ちを犯していたと素直に認める勇気があるのなら、災いを転じて福となすことができると思っています。だからこそ、過ちを素早く認めるのが最も賢明なのです。

ジョブズ　過ちを犯したときに一番よいのは、それをすぐに認め、次の革新を急ぐことだと考えます。

カーネギー　どのような状況であれ、過ちを犯したときには、それを素早く、真摯に、心から認め、謝罪することが一番賢明です。

㉘憎しみを感じると自分自身が敵に支配される

私たちが敵に憎しみを感じると、むしろ自分自身が敵に支配されることになる。そして、その支配力は私たちの睡眠、食欲、健康、幸福にまで及んでくる。

〈カーネギー『名言集』〉

入り口にも出口にも光が見えない。でも混乱して方向を変えれば多くの壁に衝突することになる。

〈ジョブズ『スティーブ・ジョブズの言葉』〉

ジョブズ 私は、どちらかといえば感情的な人間だと思っているのですが、それはいけないことなのでしょうか。

カーネギー あなたが感情的な人かどうかはわかりませんが、大きな会社を運営しているのですから、感情だけでは運営できないでしょう。

ジョブズ 私はアップルを退社後、ネクストという教育関連の会社を設立しました。しかし売れるような製品を開発できず、低迷していました。社員には不安と動揺の感情が広がっていきました。そこで私は、「入り口にも出口にも、光が見えない」と、社員に正直に話したのです。

カーネギー　ほぉ、それで？

ジョブズ　私は続けて、「混乱して方向を変えれば、多くの壁に衝突することになる」といいました。先の見えないトンネルのなかにいる不安に対し、その感情に惑わされず、初心を忘れずに進んでいこうと、皆を勇気づけたのです。まさに「トンネルビジョン」を利用したのです。

カーネギー　私は、「人間は感情に動かされやすい動物である」と考えています。相手に憎しみを感じれば、そのことで頭がいっぱいになり、まともに判断することが困難になってしまいます。やがて、それは自分の健康や幸福にも悪影響を及ぼすことでしょう。私たちは、感情に動かされやすいことを忘れず、自制して相手と付き合わねばなりません。

㉙熱中できる人こそ成長し芽を出す

熱中は性格を作る原動力である。物事に熱中できなければ、いくら才能があってもいつまでも芽を出さない。

〈カーネギー『名言集』〉

アップル追放によって、一年で二億五〇〇〇万ドルを失ったのは、自分で知る限りでは私だけだ……人格形成に大きな影響を受けた。

〈ジョブズ『スティーブ・ジョブズ名語録』〉

カーネギー　私は、熱中という物事に打ち込む意欲が、性格を作る原動力になっていると考えています。

ジョブズ　なるほど。性格を作る原動力が、その人の熱中にあるというのですね。

カーネギー　物事に対する熱中は、生活や仕事のうえで、多くの成功を生み出します。

ジョブズ　私は、独断専行型の人間であり、気むずかしく気性《きしょう》の荒い人物と見られてきました。しかし、それはアップルを追放されるまでの私です。退職後、新しい会社を作り苦労した約一〇年の月日は、私にとって人格の成熟期でした。

カーネギー　アップル追放という、一般には辛《つら》いと思われる一〇年間が、あなたにとっては人格の成熟期だったというのですね。

ジョブズ　そうです。アップルに復帰した私は、独断専行を慎み、他者との協議を大切にする経営スタイルに変えていきました。自分の感情を重視しつつも、理性を優先するスタイルに、自分を変えていったのです。二億五〇〇〇万ドルの授業料が、私の人格的成長を促したのでしょう。

カーネギー 熱中は性格を作る原動力であるという私の考えは、いまも変わりません。物事に熱中できなければ、いくら才能があっても、人はいつまでも芽が出ないでしょう。

㉚優れた人ではなく普通の人からこそ学ぶ

「どんな人間でも、何かの点で、私よりも優れている——私の学ぶべきものを持っているという点で」というエマーソンの言葉に学ぶべきだ。

〈カーネギー『人を動かす』〉

僕の仕事は、人に優しくすることではない。人を育てることだ。オブラートにくるんだりせず、ガラクタはガラクタというのが僕の仕事だ。

〈ジョブズ『スティーブ・ジョブズII』〉

ジョブズ 私は学ぶということについて、社員に、「リーダーから学べ、そして自分がどういう点で質的に劣るのかを学べ」といっています。リーダーに求められているのは、人に優しく接することではなく、人を育てることだと思うのです。人の質を高めることによって人を育てる。優れたリーダーに学び、自分の質的に劣るところを知り、それを伸ばしていくことが大切だ、というのが私の考えです。

カーネギー　そのことについて、私は「人の優れているところから学べ」といっています。人には多様な能力があり、それぞれの場で優れた能力を活かしながら成果を上げています。だから、自分以外の人の優れた点を学びとれば、自分の飛躍につながるでしょう。

ジョブズ　あなたの場合は、優れた人から学ぶというよりは、ごく普通の人から学ぶことを勧めるということですね。

カーネギー　そうです。どんな人間でも、何かの点で私よりも優れている。私の学ぶべきものを持っていると考えています。私たちには、自分より下だと見れば相手を見下《みくだ》して学ぼうとせず、上だと見れば自分を見下して学ぼうとしないところがあります。しかし、自分の能力を伸ばすには、他者の優れた点を見出し、そこから学びとることが何より大切だと思っています。

㉛恐れや不安を消すには実践が必要

泳げるようになるための一番の方法は、水に飛び込むことだ。
〈カーネギー『人を動かす』〉

父が自分にしてくれたように、自分も子どもにしてあげたい。
〈ジョブズ『スティーブ・ジョブズ全発言』〉

カーネギー　私のほうから教育について話させてもらいます。私のいう教育は、知識を学び、物知りになることではなく、それを実践し、できるようになることを意味しています。泳げるようになるには、まず水に飛び込むことですね。

ジョブズ　いわゆる、実学ということですね。

カーネギー　そうです。私は、何かをするときの恐れや不安を消すには、実践し経験を積めばよいと考えています。

ジョブズ　恐れや不安を消すには経験を積めばよい、ですか。

カーネギー　そうです。恐れや不安は自信がないから生じる。自信がないのは、自分の力を知らないからです。そして自分の力が分からないのは、経験が不足しているからです。したがって、実践し経験することこそ、何よりも重要。学ぶだけではダメで、学んだことを実際にできるようになって初めて、教育といえるのです。

ジョブズ　私は、養父母のポール・ジョブズとクララ・ジョブズに、養子という負い目を感ずることなく育てられました。私は、小さいときから父に実学を教わってきました。私に物作りの基本を教えてくれたのは父……そして、電子工学の初歩を手ほどきしてくれたのも父でした。それから、アップルを立ち上げた当初、自宅ガレージを貸してくれたのも父です。父が自分にしてくれたように、私も子どもにしてあげたいと思っています。

第4章　仕事

㉜自分の仕事が好きでなければ本当の成功はない

あなたは一番好きな仕事をやっているだろうか？　もしやっていなければ、今すぐ手を打つことだ！　自分の仕事が好きでなければ、本当の成功は望めない。多くの成功者は何度も他の仕事で失敗を重ねて、やっと自分のやりたい仕事を見出している。

〈カーネギー『名言集』〉

これはと思える仕事を見つけなくてはいけない。それがまだなら、探し続けなくてはならない。妥協はだめだ。ほどほどで手を打ってはいけない。

〈ジョブズ『スティーブ・ジョブズ自分を超える365日の言葉』〉

ジョブズ　自分に合った仕事を見つけることの大切さについて話をします。私が自分の仕事について身をもって実践してきたことは、好きな仕事をするということです。

カーネギー　仕事について、あなたと私は同じことを考えているようですね。私も研修に来た人には、「好きな仕事をすべきだ」と繰り返しいっています。いまの仕事が好きでなければ、やりたい仕事を探せといっている。現実には仕事を辞めて新たな仕事に就くことは、そう簡単ではない。しかし、嫌々ながら仕事をしていてもうまくいかないのも事実なのです。

ジョブズ　それでは、どうすればよいのでしょうか。

カーネギー　一つは、やりたい仕事を探して転職すること。もう一つは、いまの仕事が本当に自分に向いていないかどうかを見極めることです。自分の仕事が組織の仕事の成果にどう関わっているか、そして貢献しているか、それが社会にどのように役立っているか、それらを考え、よく理解することでしょう。

ジョブズ　フェイスブックの創始者マーク・ザッカーバーグは、仕事について語った私の次の言葉に影響を受けたといいます。「仕事を好きだと心の底から思い込め。でなければやり遂げる甲斐がない」――仕事をやり遂げるには、すさまじい情熱だけが頼りなのです。

㉝大きな仕事を達成したければ小さな仕事から始める

一見たいしたことのない仕事でも、思い切って全力を注ぐことだ。仕事を一つ征服するごとに実力が増していく。小さい仕事を立派に果たせるようになれば、大仕事のほうはひとりでに片がつく。

〈カーネギー『名言集』〉

とにかくベストを尽くす。できなくなるまでずっと。他人がどう思おうが気にしない。
〈ジョブズ『スティーブ・ジョブズ全発言』〉

カーネギー　私は「どんな仕事でも、たとえたいしたことのない仕事でも、全力を注いでやり遂げれば実力は増す。そうなれば、自ずと大きな仕事もできるようになる」と皆にいっています。

ジョブズ　しかしあなたは、「難しい仕事から始めなさい。そうすれば簡単な仕事は勝手に片づく」ともいっていますね。矛盾《むじゅん》しませんか。

カーネギー　そうですね。一見、そう思えるかもしれませんが、私はこう考えているのです。小さな仕事をこなしてある程度実力がつけば、その力をもとに難しい仕事から始めると効率がよいはず。そうすれば、簡単な仕事は容易に片づく、と。

ジョブズ　私も、とにかくベストを尽くすことを仕事の仕方にしています。それは、できなくなるまでずっと。iＭａｃというパーソナルコンピュータ、iＰｏｄという携帯型デジタル音楽プレイヤー、iＰｈｏｎｅというスマートフォン、iＰａｄというタブレット型コンピュータなどを次々と開発し、製品化してきました。これらの製品は、世界と私たちの生活を一変させました。やはり、できなくなるまでベストを尽くした成果だと思っています。

カーネギー　仕事にベストを尽くすという点では、私たちの考えは非常によく似ています。このことは、時代を超えていえることなのでしょう。大きな仕事を達成したければ、日々の小さな仕事を達成することが大事なのだと思います。

㉞嫌いな仕事で生活の糧を得ていることこそが悩みの原因だ

ほとんど気の遠くなるほど多くの悩みや、隠れた緊張の数々は、何百万人もの人々が、自分に向いた、心から打ち込んで実力を発揮できる仕事が見出せず、それどころか、嫌いな仕事で生活の糧を得ていることに起因している。

〈カーネギー『名言集』〉

失業した際、私は敗北者で、シリコンバレーから逃げようとも考えました。

〈ジョブズ『スティーブ・ジョブズⅡ』〉

ジョブズ　仕事人生のなかで、これ以上はない大きな失敗と悩みを私は経験しています。それは、新しく開発した製品の売れ行きが悪く、大きな赤字を出したことによります。

カーネギー　その責任を問われ、アップルを追放されたのですね。

ジョブズ　そうです。しかも、私がヘッドハンティングしたCEOのスカリーからアップルを追放された……失業した私は、少なくとも当初は敗北者であり、シリコンバレーから逃げようと考えるほど弱気になっていました。

カーネギー　大きな試練を経験しましたね。そこからどう立ち直ったのですか。

ジョブズ　失業によって私は解放され、人生のなかで最も創造的な時期を迎えたのだと考え直しました。その結果、多くのアイディアを得ることができ、自己変革をして、アップルに復帰することができたのです。

カーネギー　私たちの仕事の悩みは、煎《せん》じ詰めれば嫌いな仕事で生活の糧《かて》を得ていることに起因しています。つまり、自分に向いた、実力を発揮できる仕事に就いていないから悩みが生ずるのです。たとえば、私たちの疲労は仕事そのものから生ずるというよりは、仕事にかかわる悩み、挫折、後悔などが原因になっていることが多いのです。だから、人は心を弾ませながら何か興味深いことをしていれば、めったに疲れないもの。精を出して、脇目もふらずに働く——これが、この世で最も安価で最上の健康薬なのです。

㉟人が困難な仕事から逃げるのは自分に価値がないと思うからだ

何か手のつけられないような困難に出会ったら、思い切ってその中へ飛び込み、不可能と思っていたことを可能にすることだ。自分の能力を完全に信頼していれば、必ずやれる。

〈カーネギー『名言集』〉

即戦力になるような人材なんて存在しない。だから育てるんだ。

〈ジョブズ『スティーブ・ジョブズ全発言』〉

カーネギー　私は、困難に出遭ったら思いきって渦中に飛び込めといっている。

ジョブズ　対処法としては極めて挑戦的なものですが、そのようなやり方で本当に困難な仕事に立ち向かうことができるのでしょうか。

カーネギー　もちろん思いきって飛び込むためには、自分の能力を信頼していなければなりません。自分の価値や能力に自信を持つことが、まず大事なのです。

ジョブズ　私は、何よりも才能のある人材、そして創造性豊かな人材を集めて、困難な仕事に立ち向かってきました。ただ、アップルの仕事をするには、それだけでは十分ではありません。社員は、ただ才能があるだけではダメ……アップルの目標に合った、創造的で技能的な人材でなければなりません。そこで私は、社員をそのように育てようとしました。

カーネギー　人は失敗することはあるが、それでも前に進むためには、「自分は限界を超えられる」と信ずることが大事です。困難に直面しても自分を信じ、困難と格闘することで人は成長できます。私は、そう思っています。

ジョブズ　即戦力を渦中に飛び込ませて実践的に育てるか、仕事の目標に合った力を計画的に育てるかの考え方の違いですね。時代の差かな？

カーネギー　人が困難な課題を避けようとするのは、その課題が難しいこともありますが、それとともに自分に価値がない、能力がないと思ったときです。自分に価値や能力があると思ったときには、困難な仕事と格闘することができます。

㊱期待しお膳立てさえしてやれば人は限界以上の仕事をする

不可能だと思わない限り、人間は決して敗北しない。

〈カーネギー『名言集』〉

人が優れた仕事をできないのは、たいていの場合、彼らがそう期待されていないからだ。でも、期待してお膳立てさえしてやれば、人は自分の限界以上の仕事ができるんだよ。

〈ジョブズ『スティーブ・ジョブズⅠ』〉

ジョブズ　人間は創造的な存在ですが、やる気を引き出さないと何も生み出せません。だからこそ、肝心《かんじん》なのは人間自身なのだと思います。

カーネギー　なるほど。人間は創造的だけれど、やる気がなければ何も生み出せない。それでは、どうすればやる気が出ると思いますか。

ジョブズ　それなりに能力のある人が優れた仕事ができないのはなぜかといえば、たいていの場合、彼らがそう期待されていないからです。でも、期待して仕事の条件さえ整えてやれば、人は自分の限界以上の仕事ができるものです。

カーネギー　人間の能力の限界についていえば、本人が不可能だと思わない限り能力は伸びていくと考えます。本人の心の持ち方が大事であって、それによって不可能を可能に変えることができます。あなたがいう「肝心なのは人間自身だ」という考えに私も賛成です。

ジョブズ　どうすれば、人は自分の能力をいま以上に発揮することができると思いますか。

カーネギー　批判によって人の能力はしぼみ、励ましによって花開くと私は考えています。つまり、誰かから励ましを受け続けることによって、人の能力は伸びていくのです。「食べ物と同じくらいに誰もが渇望しているのは、心からの賛辞、激励である」というほど、他者からの賛辞と激励は強い影響と自信を人に与えることができるのです。

㊲創造性は何気ない会話や偶発的な議論から生まれる

運命がレモンをくれたら、それでレモネードをつくる努力をしよう。

〈カーネギー『道は開ける』〉

創造性ということは、何かと何かを関係づけることに他ならない。創造性豊かな人は、もっている経験を関連づけ、統合して、新しいものを生み出すことができる。なぜそのようなことができるかというと、他人より豊富な経験をもっていたか、あるいは自分の経験についてより深く考えたからなんだ。

〈ジョブズ『スティーブ・ジョブズ　驚異のイノベーション』〉

カーネギー　私は、運命からレモンを与えられたら、諦めたり絶望したりするのではなく、そのレモンを活用して何か価値あるものに変える努力をしてみるべきだと考えています。

ジョブズ　なぜレモンなんですか？　少し説明してください。

カーネギー　欧米では、レモンを「粗悪品」という意味で使うことがあります。その酸っぱいレモンを工夫《くふう》して、甘くて飲みやすいレモネードを作る努力をしてみようということです。この、新しく価値あるものを作り上げる努力こそ、創造性と考えています。

ジョブズ　私からすると、創造性とは、物事をつなぎ合わせることに過ぎないと思っています。創造性は、過去の経験と経験をつなぎ合わせ、新しいものを生み出す力として働きます。そのためには、豊かな経験を持つこと、それらについてより深く考えることが必要です。創造性は、必ずしも無から有を創り上げることではないと思っています。

カーネギー　なるほど。おもしろい考え方ですね。

ジョブズ　また、創造性は何気ない会話や偶発的な議論から生まれることが多いのです。だから、私はアップルの社屋をスタッフが必ず顔を合わせるような間取りにしました。人との触れ合いが、創造性を刺激すると思っているからです。

㊳一つの会社ですべてをやるのは難しい、できるのは三つまでだ

私たちの人生を彩《いろど》るさまざまな事象のうち、およそ九十パーセントは正しく、十パーセントは誤りである。幸福を願うのなら、やり方としては正しい九十パーセントに力

を集中し、誤った十パーセントは無視すればよい。もし苦悩と悲惨を願い、胃潰瘍になりたいのなら、誤った十パーセントに力を集中し、栄光に満ちた九十パーセントを無視すればよい。

〈カーネギー『人生論』〉

我々が今後すべきことを一〇挙げてくれ。我々にできることは三つまでだ。一つの会社ですべてをやるのは非常に難しい。

〈ジョブズ『逆境を乗り越えるジョブズ魂の言葉』〉

ジョブズ　私は社員に「目標を絞って仕事をすることが大事だ」といっています。

カーネギー　その通りです。あれもこれもと手を出してはいけません。

ジョブズ　そこで「今後すべきことを一〇挙げてくれ」と尋ね、そこから「できることは三つまで」と絞り込んでいきました。

カーネギー　目標を絞ることによって、集中力を高めるのですね。

ジョブズ　できることなら全部をやりたいのですが、それは難しい。だから、自分たちの得意分野に仕事を絞り、それに集中して成果を上げていくのです。「重要なことを成したいなら、それだけしか見えないというくらい集中しないとダメだ」と皆にいって、集中力こそ成功の決め手であることを理解させていました。

カーネギー　私は、自分たちが経験する事象のうち正しいのは九〇パーセント、誤りは一〇パーセントだと見ています。私たちが幸福になるには、誤った一〇パーセントは無視し、正しい九〇パーセントに力を集中しなければいけません。

ジョブズ　誤りが一〇パーセントですか。もし、それに関わったらどうなります？

カーネギー　誤った一〇パーセントには、不安、苦悩、悲惨な事態が満載されています。そんなことに注意を集中して不幸になってはいけない。幸福になるには、取り組む課題を絞ること、正しい課題に絞ることが大事なのです。

㊴いまの自分にやれることにベストを尽くし熱中する

良識と粘り強さに支えられた、燃えるような熱意は、最も頻繁に成功を生み出す資質である。

〈カーネギー『名言集』〉

最初の2年は、本当に苦労した。一番大切なことは、何かを新しく始めるならば、それだけの情熱を持っていなければならないということだ。なぜなら、本当に大変なことだからだ。

カーネギー 私は、自分の経験から見ても、成功を生み出す資質とは、良識と忍耐力に支えられた燃えるような熱意だ、と考えています。

ジョブズ 良識と忍耐力に支えられた熱意ですか。

カーネギー そうです。単なる熱意ではなく、良識と忍耐力に支えられた熱意という点が大切なのです。というのも、単なる熱意は方向性に関係なく働き、ときにはアウトローの領域で使われることもあります。一方、良識と忍耐力に支えられた熱意は、善良な市民が仕事、学習、訓練などに使うものです。この熱意から生ずる熱中が、成功を呼び寄せるのです。

ジョブズ 私は、仕事を始めた最初の頃は本当に苦労しました。仕事を軌道に乗せるまでの期間は、特に厳しい。

カーネギー 確かに、事業を始めた頃は大変ですよね。

ジョブズ しかし、その過程を凌《しの》いでいけば、やがて仕事は軌道に乗っていきます。最初の厳しい段階で情熱を持って取り組むことこそ、成功の鍵だと思っています。

カーネギー 仕事への熱中が最終的に成功につながるという点で、私たちの考えは一致しますね。いま自分にやれることを精一杯、熱中してやること。結果はどうなるかわからないが、やってみなければ何も始まらない。いまの自分にやれることにベストを尽くす、熱中して取り組むことです。

㊵面白くてたまらない態度で仕事に臨めば本当に熱中してくる

楽しそうにふるまっていると、いつか本当に楽しくなる。物事に熱中するにはこの手に限る。仕事にしろ会議にしろ、面白くてたまらないといった態度で取りかかれば、いつの間にか本当に熱中している自分に気がつくものだ。

〈カーネギー『名言集』〉

素晴らしい仕事をするには、自分のやっていることを好きにならなくてはいけない。まだそれを見つけていないのなら、探すのをやめてはいけない。安住してはいけない。

〈ジョブズ『逆境を乗り越えるジョブズ魂の言葉』〉

ジョブズ　つねづね私は、「限りある人生で素晴らしい仕事をするには何が必要か」と自らに問い、それは「仕事が好きであることだ」と自らに答えてきました。

カーネギー　自分の好きな仕事を見つけることは何よりも大事なことです。

ジョブズ　だから、先にも述べたように、まだ素晴らしい仕事を見つけていないなら、見つかるまで探し続けなければなりません。現状に安住してはいけないのです。
カーネギー　私は仕事に熱中するためには、まず楽しそうに振る舞うことが大事だと思っています。辛《つら》い仕事にせよ、退屈な会議にせよ、面白くてたまらないといった態度で臨めば、いつのまにか本当に熱中している自分に気づくものです。
ジョブズ　辛い仕事も、面白くてたまらないという態度で臨め、と。
カーネギー　私は、たとえば「笑顔は好意のメッセンジャー」といい、「友人には笑顔をもって接し、握手には力を込めよ」といっています。笑うという行為によって、自分の心を整え、相手に好意を伝えることができるからです。
ジョブズ　要するに、態度に表し、行為として実践すれば、気持ちもそのように変化するということですか？
カーネギー　その通りです。同じように、楽しそうに振る舞う行為によって、仕事に熱中することができるのです。あなたがいったように、あえて態度や行為に表すことによって、強い気持ちを生み出すのです。

第5章　成功する秘訣

㊶成功する起業家とそうでない起業家を分けるポイントは忍耐力だ

みんな最初のうちは、そんな「へま」をするんだよ。でも君は、いいセールスパーソンになる素質を一つ持っているじゃないか。粘り強いということだ。だから頑張れよ。

〈カーネギー『名言集』〉

成功する起業家とそうでない起業家を分けるポイントは、忍耐力にあると確信している。この仕事はとても厳しいものだ。人生の多くを注がなければならない。

〈ジョブズ『逆境を乗り越えるジョブズ魂の言葉』〉

カーネギー　私は、失敗したことを責めるのではなく、むしろ本人の素質のいいところを指摘して勇気づけています。そのうち最も評価している素質は、粘り強い素質、すなわち忍耐力です。私が仕事で大切に思っているもの、特にセールスで大切に思っているものこそ、忍耐力なのです。

ジョブズ　どうして数多くの素質のなかから、忍耐力に目を付けたのですか。

カーネギー　そうですね。まず人の弱点だけを見つけて指摘すると、やる気をなくし、組織も弱体化してしまいます。一方、人の強みを引き出すと、必然的に仕事の成果が上がります。どんな仕事でも、自分の思い通りにはいかないことが多いもの。しかし、そこでの失敗や挫折に耐えることで、いつかそれが実を結ぶ日が来るわけです。だから、忍耐力こそ成功の鍵だといえるのです。

ジョブズ　そうですね。私の経験からも、仕事には、たいていの人なら諦めそうな辛い時期が何度も訪れます。しかし、そのときに失敗を恐れないことが大事だと思うのです。失敗を恐れて安全にやろうとすると、難しい仕事や新しい仕事に挑戦しなくなってしまいます。確かに、これらの仕事に挑戦すれば、辛いことも多く経験します。しかし、それに耐えることで成功はもたらされる。仕事の成功と失敗を決めるもの、それが忍耐力であるという点で、あなたと私は同じ考えを持っていますね。

㊷ずっと努力を続けるとシンプルかつエレガントな解決策に至る

地位を向上したければ、じっと手をこまねいていないで、いっそうの努力に励むことだ。これは苦しいし、へとへとになって働かねばならないが、長い目で見れば必ず得るところがある。
〈カーネギー『名言集』〉

玉ねぎの皮をむくようにずっと努力していると、とてもシンプルかつエレガントな解決策に至ることが少なくない。
〈ジョブズ『スティーブ・ジョブズの言葉』〉

ジョブズ　仕事上の努力の大切さを、玉ねぎの皮をむくようにと、少しユーモラスな表現で指摘してみました。

カーネギー　努力することについて、どうしてそのような表現をしたのですか。

ジョブズ　私は、製品が完成するまで、その細部にわたってこだわり、何度も改善の努力をするように指示するのが常でした。そう、まるで玉ねぎの皮をむくように次々と。その結果、製品の機能にしてもデザインにしても、改良が進んでいった。この製品開発の姿勢は、アップルのすべての製造過程に一貫しています。

カーネギー　私も、仕事をするうえでの努力の大切さを皆に説いています。「成功したいなら、方法はただ一つ。よい本を何冊か手に入れ、それを読んで念入りに研究することである。一にも勉強、二にも勉強。それ以外に道はない」という教えを私は大切にしています。

ジョブズ　とにかく勉強、勉強ですか。

カーネギー　そうです。努力もせず、勉強もしないで成功する道などない。少しの時間も利用して、努力と勉強を続ける。そうすると、だんだん自分が賢くなり、幸せになっていることに気づくと思いますが、それが努力の効果。そして、その先に大きな成功が待っているのです。いまの自分を受け入れ、そしてそれを変えようと努力していく人だけが、本当に強い人間になれるのです。

㊸長所を見つけ、それに敬意を表すれば、人はやる気を起こす

どこかいいところを見つけて、それに敬意を表すれば、人はやる気を起こすものだ。
〈カーネギー『人を動かす』〉

世界で一番いいものを作りたくて、うずうずしている人間を雇う。
〈ジョブズ『スティーブ・ジョブズの言葉』〉

カーネギー　私は、ほんの小さな称賛でも、人をやる気にさせる効果があると思っています。「どこかいいところを見つけ、それに敬意を表すれば、人はやる気を起こすものだ」と

いう教えを大切にしているのです。

ジョブズ　やる気を出させるには、称賛を与えるのが一番ということですか。

カーネギー　はい。特に相手に対する感謝と正当な評価、そして励ましは、人のやる気を高める最適な方法です。

ジョブズ　具体的には、相手に感謝し、励ましを与えることなのですね。

カーネギー　そうです。その逆に相手の弱点を見つけて、それを非難すれば、人はやる気をなくしてしまう。人にやる気がなくなれば、本人だけでなく組織の士気も低下し、生産力も落ちてしまいます。

ジョブズ　なるほど。私は、製品開発は人間次第だと考えています。どんな人間かといえば、世界で一番いいものを作りたくてうずうずしている、やる気のある人間です。そういう人間を雇い、チームを作り、世界で最高の製品を作ることが私の使命だと考えています。

カーネギー　あなたの場合は、やる気のある人間を見つけて組織化し、仕事を成功させるやり方ですね。どのようにしてそのような人間を見つけるのですか。

ジョブズ　直感ですね。自分の経験に照らしてみれば、はっきりとわかるものです。

㊹仕事には他人よりも優れたいという競争心を活用すべきだ

仕事には競争心が大切である。あくどい金もうけの競争ではなく、他人よりも優れたいという競争心を利用すべきである。

〈カーネギー『人を動かす』〉

安全は、僕らにとって一番危険な落とし穴なんだ。僕らはもっと大胆にチャレンジし続けなきゃいけない。競争相手は、世界規模の大企業ばかりなんだ。現状に甘えているわけにはいかない。

〈ジョブズ『スティーブ・ジョブズ全発言』〉

ジョブズ　私にとって安全は、最も危険な落とし穴として映っていました。それゆえ我々は、大胆なチャレンジをし続けなければいけなかった。言い換えれば、それがないと世界規模の大企業に負けてしまう。現状に甘えていてはいけない。激しい競争心を持って、仕事にチャレンジし続けなければなりません。

カーネギー　私は「仕事には競争心が大切であり、他人よりも優れたいという競争心を利用すべきだ」という教えを大切にしています。

ジョブズ　なぜそう考えたのですか。

カーネギー　仕事で成功する人は、おしなべて競争心が強いのです。彼らは、さまざまなゲームを好みます。なぜなら、ゲームでは自己表現の機会が与えられるから。存分に腕を振るって、相手に打ち勝つ機会がそこにはあります。優位を占めたい欲求、自己重要感を得たい欲求が、競争心を刺激するのです。

ジョブズ　競争心については、それを肯定的に考える人だけでなく、否定的に考える人もいますね。

カーネギー　そうです。そのような人は競争社会を否定します。競争社会では、人間関係は常に勝ち負けで決まっていき、敵か味方かの関係を持つようになってしまうというのが彼らの主張です。強い競争心が、このような側面を持つことは確かです。だから私は、あくどい金儲けの競争心ではなく、他人よりも優れたいという競争心を利用すべきだといっているのです。

㊺我々の値打ちは次回作で決まる

この世で重要な物事のほとんどは、まったく希望がなさそうに見えても挑戦し続けた者たちによって成し遂げられてきた。

〈カーネギー『人を動かす』〉

私たちは何かを成し遂げるたびに、次は何をしようかと考える。常に新しい挑戦をしている。

〈ジョブズ『スティーブ・ジョブズ名語録』〉

カーネギー　私は、世界の偉業の大半は、もはやこれで絶望かと思われたときにも、なお仕事に挑戦し続けた人々の手によって成し遂げられたと思っています。

ジョブズ　絶望の淵《ふち》にあっても仕事に挑戦し続けた人だけが、大仕事を成し遂げたというわけですね。

カーネギー　その通りです。大半の人が「もうダメだ、できっこない」と諦めかけた仕事にさえ、果敢に挑戦し続ける人たちがいます。もちろん、うまくいかないことも少なくありません。しかし、そのような人たちは、可能性がある限り挑戦し続けます。そして、そこから世の中に役立つ重要な仕事を成し遂げていくのです。

ジョブズ　私は、「我々の値打ちは次回作で決まる」という教えを大切にしています。したがって、人は私を休むことを知らない男だといっています。

カーネギー　それは、疲れも知らない男ですか。

ジョブズ　いやいや。私だって休むし、疲れも感じますよ。ただ、私は新しい製品を開発し、世界に出してもそれに安住せず、次は何をしようかと考える。新しい挑戦をしようと、常に目を未来に向けています。こうしたスピード感によって、他社には追いつけない世界一の製品を生み出すことができる。既に述べたように、「安全にやろうとしてはいけない。それは一番危険な落とし穴だ。僕らは挑戦しなくてはならない」——これが私の本心なのです。

㊻仕事に責任感は必要だが、自分に責任のない課題までは引き受けない

責任を持って仕事をする人間は、会社、工場、その他どんな社会においても、必ず頭角を現わす。責任ある仕事を歓迎しよう。仕事の大小を問わず責任を果たせば、きっと成功する。

〈カーネギー『名言集』〉

僕は、ユーザー体験に丸ごと責任を持ちたい。金儲けがしたいからじゃない。すごい製品を作りたいからだ。

〈ジョブズ『スティーブ・ジョブズⅡ』〉

ジョブズ　私は、自分の製品には、常に絶対的な責任を持とうと考えています。だから、ユーザーの使用体験を自らも繰り返し体験し、細かく点検するのです。

カーネギー　ユーザーがその製品を使うとき、いわゆる使い勝手について、どこに問題があるのかを探し出すのですね。

ジョブズ　まあ、そういうことです。これをやって、さらに改善点があれば、社を挙げてそれに素早く対応する。ユーザーにとって有用で使いやすい製品を提供する。そのことが、私には最高の責任の取り方なのだと思っているのです。

カーネギー　私は、何かが起きたとき、それに対処する義務のことを責任といい、自分の仕事や行為についての責任を果たそうとする気持ちを責任感と考えています。だから、「責任を持って仕事をする人間」とは、責任感を持って仕事をする人間です。

ジョブズ　仕事に責任感を持って取り組む人とは、どういう人なのですか。

カーネギー　そのような人は周囲の人から信頼されるので、職場では必ず頭角を現し、家庭でも家族から尊敬されます。仕事や家事の大小を問わず責任を果たせば、その人はきっと、社会的にも家庭的にも成功するはずです。

ジョブズ　そのような人は、どんなことでも責任を果たそうとするのですか。

カーネギー　そうではありません。自分に責任のない課題までは引き受けません。もし引き受けてしまえば、自分だけでなく、相手のためにもなりませんから。

㊼顧客が今後何を望むようになるか、顧客よりも先につかむのが仕事だ

商談には特に秘訣などというものはない……ただ、相手の話に耳をかたむけることが大切だ。どんなお世辞にも、これほどの効果はない。

〈カーネギー『人を動かす』〉

消費者に、何が欲しいかを聞いて、そしてそれを与えようとしてはいけない。それが完成するときには、彼らは何か新しいものを欲しがっているのだから。

〈ジョブズ『スティーブ・ジョブズの言葉』〉

カーネギー　私はビジネスの鉄則として「聞き上手になる」ことを挙げています。この鉄則に従って、商談では、相手の話に耳を傾けることが特に大切だと思っています。

ジョブズ　商談を成功させるには、相手に説明するより聞き上手になれ、ということですか。

カーネギー　商談において、自社の製品について滔々《とうとう》と説明しても、関心のない人は興味を示しません。つまり、売れないのです。それよりも、相手の話をよく聴くことです。商品への不安や不便さなどに耳を傾け、それらを取り除くように話を進めていく。そうすれば売れ

るようになります。

ジョブズ　私が考えている販売戦略は、一般の消費者にターゲットを絞ること、新しい製品を創造すること、そして他社には追いつけないスピード感を持っていることです。つねづね私は社員に「顧客が今後何を望むようになるか、顧客よりも先につかむのが僕らの仕事だ」といっています。製品の販売は、徹底的に顧客の目線に立って考えなければなりません。

カーネギー　私は、信用と信頼は違うと考えています。信用とは、裏付けや担保があればその人を信じることですが、信頼はそのようなものがなくても、その人を信じることをいいます。製品を売る場合、とりあえず信用は大事ですが、大きな商売になると、人と人との信頼関係が欠かせません。売る人と買う人に相互の信頼があれば、商談は成功すると思います。

㊽お金が目当てで会社を始めて成功した人はいない

金持ちになるためには、貧しい家に生まれることである。

〈カーネギー『読むだけでお金に愛される22の言葉』〉

墓場で一番の大金持ちになっても意味はない……夜、ベッドにもぐりこんだとき、

「すばらしいことを成し遂げた」と、そう自分に言えることが自分には何よりも意味がある。
〈ジョブズ『スティーブ・ジョブズ全発言』〉

ジョブズ　私は、お金を得る喜びと仕事をする喜びでは、仕事をする喜びのほうが大事だと考えています。夜寝るとき、我々は素晴らしいことをやり遂げたという仕事の喜びを感じることは、私にとってお金には換えられない喜びなのです。

カーネギー　ただ世の中には、必ずしもそういう人ばかりがいるわけではありませんね。仕事をする喜び以上に、お金を得ることを望む人が多い。

ジョブズ　私の知る限り、お金が目当てで会社を始めて成功した人はいません。起業に必要なのは、世界に自分のアイディアを広めたいという思いです。それを実現するために会社を興すのです。

カーネギー　お金と仕事、どちらを優先するか……まず仕事、ということですね。

ジョブズ　そうです。確かに私には多くの富がありましたが、全体的には禁欲的な生活に徹していました。私にとってはお金を得るのではなく、人類に尽くすことこそが、最も大事な仕事だと考えていたからです。

カーネギー　私は、中流家庭に生まれるよりも、より下層の家庭に生まれるほうが、一生懸命働いて金持ちになる可能性が高いと考えています。お金への関心や執着が強いからです。私自身も裕福とはいえない家庭に育ったこともあり、さまざまな職業を経験しながら、富につながる糸をつかんできました。ただし、もしお金を稼ぐことにしか関心がなければ、人との協力の道から外れ、自分自身の利益しか探さなくなります。この点は、注意が必要です。

㊾成功者とは、失敗から学び、新たに工夫して問題に取り組む人だ

何事にも落胆しない――あくまでやり続ける――決して断念しない。この三つがだいたいにおいて成功者のモットーである。もちろん意気消沈する時はあるが、要はそれを乗り越えることだ。それさえできれば、世界はあなたのものだ。

〈カーネギー『名言集』〉

何かを成し遂げて、それがすごく上手くいったとすれば、さらに別の何か素晴らしいことをするようにすべきだ。その成功にあぐらをかいていてはいけない。その次だけを考えるようにしなさい。

〈ジョブズ『スティーブ・ジョブズ人生を変革する言葉』〉

カーネギー 私は「成功者とは、失敗から多くのことを学び取り、新たに工夫した方法で再び問題に取り組む人のことである」といっています。たとえ失敗しても、落胆しないでそこから学び、新たな方法を生み出して、決して諦《あきら》めず、再びその問題に取り組むことが成功の原則です。

ジョブズ あなたは成功者のモットーとして、何事にも落胆しない、あくまでやり続ける、決して断念しない、という三つを挙げていますね。背景にあるのは、やはり忍耐力という資質になるのでしょうか。

カーネギー そうです。失敗すれば誰でも落ち込むけれど、諦めずにそれを乗り越える努力をする。そのような困難に負けない忍耐力を持つこと、それが成功への道を開くのです。

ジョブズ 「私たちは、何かを成し遂げるたびに、次は何をしようかと考える。常に、新しい挑戦をしているのだ」と私は考えてきました。「腰を下ろして休むことは、絶対に勧められない。常に、次のことを考え続けなければいけない」という教えを大事にしているからです。

カーネギー 大変ハードな生き方ですね。倒れませんか?

ジョブズ 大丈夫です。私の仕事へのスピード感は社員に行き渡り、製品開発の速度を速めていきました。シリコンバレーの存在理由は、世界を変えること。それをやり遂げれば、信じられないほどの成功を手にできるのです。

㊿失敗して弱気になるのではなく、弱気だから失敗する

失敗は成功の母である。落胆と失敗は、人を確実に成功に向かわせる二つの試金石である。この二つを自発的に研究し、何か今後に役立てられることをつかみ取ることができれば、これほどプラスになるものはない。過去を振り返ってみよう。失敗が成功の助けになった場合があるはずだ。

〈カーネギー『名言集』〉

失敗して弱気になるのではなく、弱気だから失敗する。

〈ジョブズ『スティーブ・ジョブズ神の交渉力』〉

ジョブズ　私は「弱い自分と握手をするな」とよくいっています。弱い自分が出てくると失敗の芽が生まれ、そして本当に失敗してしまうのです。

カーネギー　まさに、弱気は損気ということですね。

ジョブズ　そうです。成功と失敗の違いは、途中で諦めるかどうかにかかっています。弱い自分は、思うようにいかないと、すぐに諦めてしまうのですね。私は、失敗を覚悟で挑み続けろ、最後まで諦めずに挑戦し続けろと、つねづね社員に檄《げき》を飛ばしています。そして「最後までベストを尽くして失敗したら、それはベストを尽くしたってことだ」と彼らにいい、好きな仕事に打ち込むように勧めているのです。

カーネギー　私は「愉快な考え方をすれば、私たちは愉快になるだろう。みじめなことを考えはじめたら、みじめになる一方であろう」、そして、「失敗するのを気にしたら、間違いなく失敗してしまう」だろうといっています。

ジョブズ　いまの発言は、私の「弱い自分と握手をするな」という発言によく似ていますね。

カーネギー　私も、そう思っていました。だから、失敗をいつまでも悔やんでいてはいけない、もっと先を見よ、といってきました。失敗は成功の母であり、それは、成功に向かわせる試金石でもあるのです。落胆と失敗は、人を確実に成功に向かわせる二つの試金石なのです。

第6章　人間関係

㊿話し上手ではなく、聞き上手になる

話し上手になりたければ、聞き上手になることだ。
〈カーネギー『人を動かす』〉

私がいったことが覚えられないようなら、この会社をいますぐやめろ。真剣に聞いていれば覚えているはずだ。
〈ジョブズ『スティーブ・ジョブズ名語録』〉

ジョブズ　私は、相手との会話、メールの内容を覚えることが得意でした。だから会議中にメモを取り出した社員に、「私がいったことが覚えられないようなら、いますぐやめろ」と厳しく注意したのです。

カーネギー　しかし、人が会話のなかで必要なことをメモするのは一般的なことですよ。メモを取るのは、大事なことを忘れないようにするだけでなく、相手の話を聞いているというアピールを送ってもいるのです。

ジョブズ　ですが、人の話を真剣に聞いていれば覚えられるはずなのです。

カーネギー　そうはいうものの、それは誰にでもできることではありませんね。

ジョブズ　要は「相手の話に真剣に耳を傾けよ」と、メッセージの裏ではいっているつもりですが。

カーネギー　なるほど、そういってもらえれば私にも理解できます。

ジョブズ　そうですか、理解してもらえますか。

カーネギー　人との対話は「話し合い」といいます。しかし、これは間違いです。人との対話は「聞き合い」なのです。あなたの話し相手は、あなたへの興味の一〇〇倍もの興味を自分自身に持っていることは既に触れました。だから、相手は自分が関心のないあなたの話を真剣には聞いていないだろうと思います。したがって、相手の関心のあることを聞き出して、それに耳を傾けるべき……「聞き上手」とは、「話させ上手」のことなのです。

㊾命令口調をやめて質問口調で伝える

誰に対しても直接的に命令する代わりに、「こうするのはどうだろうか」「ああいうふうにやれば、うまくいくと思うけど、どうだろうか」、あるいは「このアイディアはどう思うか」などと、質問の形でいえばよい、という助言に耳を傾けるべきだ。

〈カーネギー『人を動かす』〉

命令によって生産性を上げることはできない。人々が最善を尽くせる手段を与えなければならない。

〈ジョブズ『1分間スティーブ・ジョブズ』〉

カーネギー　命令するのでなく質問の形にすると、人は自分で考えて行動を起こす。そのため自分から進んでやっているという気持ちになるのです。

ジョブズ　命令されて動くのは、あまり気持ちのよいものではないですね。

カーネギー　そう。人に命令されても、やる気は起こりません。

ジョブズ　それは、会社での上司と部下の関係であっても同じですか。

カーネギー　同じですね。上司は命令口調を質問口調に変えて、部下が自分で自由に考え、やる気が出てくるように促すべきです。

ジョブズ　私がアップルを追放され、再び戻ることになったとき、会社は経営の危機に陥っていました。そして、上から下への指示だけで、会社は動いていました。そこで私は、会社に平等主義を導入、残っていた優秀な社員の能力を活かすような環境を提供し、成功を収めることができたのです。命令によって上下関係を強めるのではなく、平等主義で対等の関係を作ることで、集団は息を吹き返したのです。

カーネギー　命令口調をやめて、質問口調にして伝えるだけで、人は勇気づけられます。勇気づけは、役割は違っていても、上司と部下の対等な関係において行われることが大切です。

㊸相手を動かすには、子どもでも理解できる平易な言葉で伝える

素人を相手に話をするときは、専門用語を避ける。どんな子どもでも理解できるような、平易な言葉で話すようにする。

〈カーネギー『人を動かす』〉

マニュアルは、小学校1年生が読めるようにすべきなんだ。小学校1年生に書かせたっていいぐらいだ。

〈ジョブズ『スティーブ・ジョブズの言葉』〉

ジョブズ　私は、新製品の完成に伴って、それを使用するマニュアルの仕上げに心を配ったものです。なぜかといえば、マニュアル作りは、製品の売り上げに直結するからです。

カーネギー　どのような工夫をしたのですか。

ジョブズ　ある日、担当者が、「マニュアルは、高校三年生でも読めるように書かなくては

ならないですね」と私にいってきました。私は、「いや、小学校一年生が読めるようにすべきだ」と、その担当者にいい返しました。そして、「いっそ小学一年生に書いてもらったほうがいいかもしれないいな」と加えました。冗談ではなく、かなり本気でそういったのです。

カーネギー　私も「人に何かを伝えたいなら、難しい言葉や専門用語を使うのは控えるべきだ。わかりやすい言葉で、具体的に説明するようにすべきだ」といっています。

ジョブズ　あなたの場合、そもそも、どうしてそのような説明の仕方をしようと思ったのですか。

カーネギー　自分のいいたいことが相手に伝わらないのは、相手の能力が劣るからではなく、自分の話し方に問題があるからなのです。何かを伝え、相手を動かそうと思ったら、どんな子どもでも理解できるような平易な言葉で、具体的に伝えなければなりません。

⑭ミスを犯した人と一緒に原因を突き止めて再発を防ぐ

人を非難する代わりに、理解するように努めようではないか。

〈カーネギー『人を動かす』〉

あいつらは、自分が作っているものを愛していない。でも、ここにいるみんなは違うんだ。
〈ジョブズ『スティーブ・ジョブズI』〉

カーネギー　私は、「人は、ミスをすれば自分の責任を果たせなかったと心を痛めるものだ。だから、その人を非難したり批判したりしても何も生まれない」といってきました。こんなときの非難や批判は、ミスを犯した人の心をくじき、立ち直ろうとする気持ちも打ち消してしまいます。

ジョブズ　それでは、どうすればよいのでしょうか。

カーネギー　私は、ミスを犯した人と一緒に原因を突き止め、ミスをなくすにはどうしたらよいかを一緒に考えます。そうすれば再発を防ぎ、ミスをした人の成長にもなります。

ジョブズ　うーん、そうでしょうか？

カーネギー　相手を非難するのではなく、理解するように努めれば、よい人間関係ができるはずです。

ジョブズ　私は、同業他社の経営者を名指しして、「あいつらは、自分が作っているものを愛していない。でも、ここにいるみんなは違うんだ」と批判したことがあります。それによって、スタッフの士気を高めようとしたのです。

カーネギー　相手を非難して士気を高める、ということですね。

ジョブズ　他社と自社の違いを明確に示して士気を高め、人間関係を固め、最先端となる、技術的にも芸術的にも最高の製品に仕上げたかったからです。

㊺ビジネスの手本はビートルズ、四人がお互いのマイナス面を補い合った

ビジネスで成功を収めるためには、友を作り人を動かす能力のほうが、高度な知識よりも、六倍近くも重要である。

〈カーネギー『人を動かす』〉

ビジネスの手本はビートルズだ。４人が互いのマイナス面を補い合っていた。うまくバランスが取れていて、全体としては個々を足した以上のものとなる。ビジネスも同じだ。大きなことは一人では成し得ない。人と人が組み、チームとなってこそ偉業を成し遂げられる。

〈ジョブズ『逆境を乗り越えるジョブズ魂の言葉』〉

ジョブズ　私は、「ビートルズは、四人がお互いのマイナス面をそれぞれ補って、バランスの取れたグループになっていた。全体としては、個々を足した以上のものになっていた」と

思っています。

カーネギー　二〇一六年のリオデジャネイロ・オリンピック陸上男子四〇〇メートルリレー決勝で、ウサイン・ボルト率いるジャマイカに次いで日本は第二位、銀メダルを獲得しました。四人の自己ベストの合計が決勝八チームのなかで七位だった日本が、ジャスティン・ガトリン率いるアメリカよりも上回ったわけです。個々を足した以上の力を発揮した、よい例でした。

ジョブズ　そうでしたね。私にとって、これはビジネスでも同じだと思っています。新しい大きな仕事は、一人ではできない。人と人が組み、チームになることによって成し遂げられるものです。私の仕事は「チームスポーツ」として行っています。

カーネギー　私は、「ビジネスで成功するには、仲間を作る能力、人を動かす能力が、高度な知識を持っているよりも大事だ」といっています。この点は、あなたとまったく同じです。知識が足りなければ、知識を持っている人を雇えばよい。資金が足りなければ、資金を提供してくれる人を集めればよいのです。

ジョブズ　その点でも、私とあなたはまったく同じだと思います。

㊻ピンチに新しい人材を探す暇はない、身近な人員を総動員するのだ

人間嫌いを直す簡単な方法は一つしかない。相手の長所を見つけることだ。長所は必ず見つかるものだ。

〈カーネギー『名言集』〉

ピンチの時には、新しい人材を探す暇はない。身近にいる人員を総動員して、彼らを信じるんだ。

〈ジョブズ『スティーブ・ジョブズ全発言』〉

カーネギー　私は、仲間を作るのに大切なことは「相手の長所を見つけることだ」と思っています。相手のなかにある、ほんのわずかでもできるところを見つけ、それに気づく……たとえわずかであっても、その人の長所として認め、それを伸ばすように促すのです。

ジョブズ　それが仲間を作り、人間嫌いを直すのに大事なことなのですね。

カーネギー　そうです。長所を話題にして接すれば、相手は心を開き、自分のことを話し始めます。その話に耳を傾ければ相手を好きになり、相手もあなたを好きになって、よりよい関係を作ることができるのです。

ジョブズ　私が仲間作りで大切にしたのは、仲間を信じることでした。私は、「優れた人間たちの小さなグループを作り、それをまとめて彼らに思い切り夢を実現させてみたらいい。僕らはエンジニアじゃなくて、アーティストなんだから」と、普段から仲間にいってきました。

カーネギー　「僕らは、エンジニアじゃなくて、アーティスト」ですか……何かやる気が起こる言葉ですね。

ジョブズ　ピンチのときは身近な仲間を集め、彼らを信じて解決していけばいい。実際に、それでうまくいくことが多かったのです。

カーネギー　最後は心から信じる、それが仲間作りには大切だということですね。

㊼幸せな人生を送るには、友を得て、その人にやる気を起こさせることだ

他人に何か行動を促す唯一の方法は、相手が欲しがっているものについて語り、どのようにしたらそれを手にできるかを示してあげることだ。〈カーネギー『人を動かす』〉

ブルーボックスがなければアップルもなかったと思う。それは間違いない。この経験からウォズも僕も協力することを学んだし、技術的な問題を解決し、製品化できるという自信を得たんだ。

〈ジョブズ『スティーブ・ジョブズⅠ』〉

ジョブズ　私は、若いときに他人と協力することの力を学びました。アップルの共同設立者スティーブ・ウォズニアックと、二人のオリジナルの装置、電話回線をハッキングして無料で電話をかけられる「ブルーボックス」を作り上げたのです。

カーネギー　そのブルーボックスをどうしたのですか。

ジョブズ　これをカリフォルニア大学の寮に持ち込み、一台一五〇ドルで売りさばきました。装置の原価は四〇ドル程度だったので、大いに儲かりました。若き日の私が、他人と協力することを学んだ最初の経験です。

カーネギー　私は、幸せな人生を送るには友だちを獲得し、その友だちにやる気を起こさせることが大事だと考えています。やる気を起こさせるには、相手が望むものを考え、それを実現させることが大切。私はそれを「魚釣りセオリー」と呼んでいます。

ジョブズ　魚釣りセオリーですか。興味があります。どんなものですか。

カーネギー　私はイチゴクリームが好きだけれど、魚は虫のほうを好む。だから、魚釣りをするときは虫を釣り針に付ける……そう、相手に合わせるのです。よい友人を得るにも、恋人を得るにも、このセオリーは役に立ちます。

⑸人は、自分に関心を寄せてくれる人に関心を持つのだ

我々は、自分に関心を寄せてくれる人に関心を寄せる。他人に示す関心は、必ず心からのものでなければならない。関心を示す人の利益になるだけでなく、関心を示された相手にも利益を生まなければならない。

〈カーネギー『人を動かす』〉

あなたと僕は未来をつくるんです。

〈ジョブズ『スティーブ・ジョブズ名語録』〉

カーネギー　私は、「人は自分に関心を寄せてくれる人に関心を持つ」と考えています。だから、友を得るには相手の関心を引こうとするよりも、相手に純粋な関心を寄せることのほうが大事なのです。

ジョブズ　なるほど、相手の関心を引こうとするのではなく、関心を持つ……。

カーネギー　さらに、「まず、あなたが相手に関心を持たないとすれば、どうして相手があなたに関心を持つだろうか」とも考えています。相手に対して関心を持てないのなら、その

人を動かすことはできない。受け身ではなく、積極的に関心を持つことで初めて、人を動かすことができるのです。

ジョブズ　「あなたと僕は未来をつくるんです」――他社からアップルの社長にヘッドハンティングしたジョン・スカリーに、私がいった言葉です。二人の仲は、非常に緊密なものでした。途中から入ってきたスカリーに私は、「あなたは会社の（共同）創業者の一人のようです。僕らは会社を創業したけど、あなたと僕は未来をつくるんです」といった。私の人への関心は、このとき純粋に、一人の仲間に向けられていました。

カーネギー　私は、「人生の意味は貢献することにある」と考えています。それには、他者や社会に関心を持つこと、協力することが大切。他者や社会に貢献しようとすれば、まずは友を持つ……そうなれば、一人ではできないことができるようになるのです。

⑲仕事ができないのは、その人が期待されていないからだ

人の気持ちを傷つけることで、人間を変えることは絶対にできず、まったく無益である。深い思いやりから出る感謝の言葉をかけながら日々を過ごす。これが、友を作り、人を動かす秘訣である。

〈カーネギー『人を動かす』〉

できる。君ならできる。やる気を出して頑張れ。君ならできる。

〈ジョブズ『スティーブ・ジョブズII』〉

ジョブズ　私は、仲間が素晴らしい仕事をするには、彼らを信じ期待するべきだと考えています。それを伝えることで、仲間が無理だと思っていたことにも挑戦させ、成功させることができるのです。

カーネギー　仕事を成功させるには、仲間を信ずること、というのは普遍的なことですね。

ジョブズ　もし仕事ができないのなら、それは彼らが期待されていないからです。だからこそ、彼らに期待し信ずることで、「やる気を出して頑張れ。君ならできる」という言葉が真実味を持ち、実際にできるようになる。これが、私の真の仲間の作り方です。

カーネギー　私は「人前で叱《しか》ったり、その人の人格を非難したりするような、自尊心を傷つけるやり方は決して有効ではなく、その人を変えることにはならない」と考えています。

ジョブズ　人格を非難したり自尊心を傷つけたりせずに、その人を変えていくには、どうしたらよいのですか。

カーネギー　そのようなやり方ではなく、「感謝の気持ちを持って相手に接することが、友を作り、人を動かすには有効だ」と説いています。そのためには「ありがとう」という感謝の言葉を、はっきりと口にすることです。真の友人を得るには、「ありがとう、という感謝の気持ちを忘れないことだ」と、私は考えています。

⑥⓪議論に勝つ最善の方法は議論を避けることだ

議論に勝つ最善の方法は、議論を避けることだ。

〈カーネギー『人を動かす』〉

できないはずがない。君ができないのなら他の人間にさせるだけだ。

〈ジョブズ『スティーブ・ジョブズの言葉』〉

カーネギー 私は、「相手を論破しても、あとに残るのは相手の恨みや怒りのみである」といっています。議論によって相手を論破するのは、頭のいいやり方ではない。確かに議論に勝てば気持ちはいいけれども、相手が嫌な気持ちになり、たとえば商談が成立しなければ、何の意味もありません。私は、「議論に勝つ最善の方法は、議論を避けることだ」と皆に諭《さと》しています。

ジョブズ　相手とのよい関係を持つには、議論を避けることだ、と。

カーネギー　そうです。相手が反論してきたら、それをよく聞くことです。そのあと自分の話をすればいい。うまくいけば、お互いに尊敬する気持ちが深まり、人間関係が向上します。

ジョブズ　自分でいうのもなんですが、私の要求には、確かに無茶なものがあります。そんなとき部下はどう答えるか……「考えさせてください」「他のスタッフに相談してみます」「できません」と正直に答えるだろうか。

カーネギー　そうではないのですか。

ジョブズ　熟練の度合いによって答え方が異なります。よく熟練したスタッフは、要求に応えられないときには代案を提出しましたが、熟練していないスタッフは代案を持たず、「できません」と答えただけでした。そこで、「できないはずがない。君ができないのなら、他の人間にさせるだけだ」といい返しました。つまるところ、その人が「やるしかない」のです。

第7章　人を動かす

⑥①はみ出し者や反逆者は、不可能なことを可能にする才能を持つ

盗人は五分の理どころか、十分、いや十二分の理を持っている。つまり、盗人は自分のことをまったく悪くないとさえ思っていると考えよ。〈カーネギー『人を動かす』〉

アップルは他社からの難民で成り立ってる。ものすごく頭がいいんだが、他社ではトラブルの種になるような連中ばかりなのさ。〈ジョブズ『スティーブ・ジョブズ全発言』〉

ジョブズ　さあ、これからしばらくは、あなたが主張してきた「人を動かす」原則について意見を交わしましょう。

カーネギー　私の人を動かす原則の第一は、「蜂蜜《はちみつ》が欲しいなら、蜜蜂《みつばち》の巣箱を蹴飛ばすな」です。つまり、「相手の嫌がることはするな。批判や非難をすれば友は得られず、嫌われてしまう」ということです。

ジョブズ　なるほど、わかりやすいですね。

カーネギー　人間関係は、この原則を理解しなければうまくいきません。問題を持つ人間ほ

ど、人のことを批判したがるものですが、これは彼らだけの話ではありません。我々もまた同じです。人を批判し非難するのは、天に向かって唾《つば》するようなもので、必ず我が身に返ってくる。

ジョブズ　私は「クレイジーな人たちをたたえよう」といっています。はみ出し者、反逆者、トラブルメイカー……彼らは四角い穴に丸い杭《くい》を打ち込むことができます。つまり、彼らは不可能なことを可能にする才能を持っているのです。

カーネギー　それを見つけるあなたの才能も、たいしたものですね。

ジョブズ　ありがとうございます。ですから、彼らを無視することはできないのです。彼らは物事を変えることができるから……そして彼らは、人間を前進させます。クレイジーといわれるが、私には天才に思える。この「難民」は、自分がトラブルの種になることを変えようとしません。悪いと思っていないからです。

㊷人間の持つ最も根強い衝動は重要人物たらんとする欲求だ

人間の持つ最も根強い衝動は、〝重要人物たらんとする欲求〟である。この欲求は、食物や睡眠の欲求同様になかなか根強く、しかも、めったに満たされることがないもの

〈カーネギー『人を動かす』〉

なのだ。

やあ、君は地球で一番売れっ子だと聞いたんだけど。

〈ジョブズ『1分間スティーブ・ジョブズ』〉

カーネギー　「人はたいてい欲しがっているものは手に入れており、なかなか満たされないものは、実はたった一つしかない。それは、重要人物たらんとする欲求である」と私は考えています。この欲求は、食物や睡眠の欲求と同様になかなか根強く、しかも、めったに満たされることがないものです。

ジョブズ　人で一番満たされていないのが、重要人物である欲求……確かに私の周りにも、そのような人物はけっこういましたね。

カーネギー　それを、私のメッセージにしているのですが、重要人物たらんとする欲求を満たしてあげれば、人は動くのです。そのためには、素直な気持ちになって人を心からほめること——これが大切です。

ジョブズ　私は、ネクスト・コンピュータのロゴマークを、グラフィックデザインの巨匠といわれるポール・ランドに依頼しました。

カーネギー　どのようにいって依頼したのですか。

ジョブズ　私は、「やあ、君は地球で一番売れっ子だと聞いたんだけど」という口説《くど》き文句を、彼にいったのです。私はいつもナンバーワンの人物に、最も効果のある言葉を選んで口説いてきました。ここでは、ランドのデザイナーとしての重要人物たらんとする欲求を満たそうとして、この言葉をかけたことになります。

㊸相手のなかに自分が望む欲求を作る

相手にして欲しいことは何なのか。どうすれば相手が自らそうしたくなるような気持ちになるのか、その人が行動を起こしたくなるような気持ちになるのか。それを考えなさい。

〈カーネギー『人を動かす』〉

ビジネスの手本は、ビートルズだ。四人がお互いのマイナス面を補い合っていた。うまくバランスが取れていて、全体としては個々を足した以上のものとなる。ビジネスも同じだ。大きなことは一人ではなし得ない。人と人が組み、チームとなってこそ偉業を成し遂げられる。［既出］

〈ジョブズ『逆境を乗り越えるジョブズ魂の言葉』〉

カーネギー　私は、相手に強い欲求を起こさせることに着目しています。そして、もし相手のなかに自分が望む欲求を生じさせることができれば、世界を手に入れることができる。
ジョブズ　相手のなかに、自分の望む欲求を生じさせるにはどうするのですか。
カーネギー　やり方としては、力ずくで動かしたい方向に人を動かすのではなく、本人が自分の熱望によりそれを求めて動くようにさせる、このことが重要だと考えています。先に示した「魚釣りセオリー」が、ここにも応用できます。相手の立場に身を置く、これが人を動かす極意なのです。
ジョブズ　私は既に述べたように、「私のビジネスの手本はビートルズだ。四人は、お互い問題を抱えながら、それを補い合っていた。そして、全員が一つになることで、個々の活動を合わせたものよりもすごい力を発揮した。これが、私が見すえるビジネスのあり方だ」と考えています。
カーネギー　相手の心を察し合いながら、我慢するところは我慢して、皆で協力し合い、仕事を成功させていくというやり方ですね。
ジョブズ　そうです。仕事はチームプレイです。そのためには、お互いに相手の立場に身を置いて考えることが必要です。

カーネギー　私は、相手の立場に身を置くことを対人関係の基本と考えています。この考えは、私の人間関係の基本、人を動かす原則の中核をなすものです。

⑭相手の関心を引くのではなく、相手に心からの関心を寄せるのだ

友を得るには、相手の関心を引こうとするよりも、相手に心からの関心を寄せることだ。そのほうがずっと早い。相手に誠実な関心を寄せれば、相手はあなたのことを好きになるからである。

〈カーネギー『人を動かす』〉

みんな、君のことをすごく心配しているよ。〈ジョブズ『スティーブ・ジョブズⅠ』〉

ジョブズ　次に、人に好かれる原則について意見を伺いましょう。

カーネギー　「我々は、自分に関心を寄せてくれる人に関心を寄せる。相手に示す関心は、必ず心からのものでなければならない」と、私はよくいっています。私たちは、ややもすると、相手の関心を引こうとしがちです。そうではなく、あなたが相手に心からの関心を寄せる……そうすれば、相手もあなたに関心を持ち、好かれるようになるのです。

ジョブズ　関心を引くより、相手に関心を寄せるほうが好かれるのですね。

カーネギー　そうです。人は自分が一番好きで、自分に最も関心を持っている。相手に対する心からの関心は、そこを射抜いているのです。

ジョブズ　私には、一般の人へ心からの関心を示す姿勢よりも、才能のある人に強い関心を示す傾向があります。そのことは、素直に認めます。それは、私の仕事が才能のある人材を集め、最高の製品を作ることだったからです。

カーネギー　例を挙げて、説明してくれませんか。

ジョブズ　たとえば、優秀な社員が居眠り運転で事故を起こしたときは、「みんな、君のことをすごく心配しているよ」と、見舞いの言葉をかけに行ったことがあります。彼は、とても嬉しそうでした。彼には、エンジニアとともにアーティストとしての才能が備わっていました。そうした才能のある人材には、常に心からの関心を寄せるように接してきました。

㉟初対面の人には笑顔で接する

いつもにっこりするよう心がけるだけでも、結構役に立つ。微笑みかけられた相手が幸福になり、その幸福がブーメランのように、こちらへはね返ってくるからだ。

泣きたいときは泣けばいい。笑いたいときは笑えばいい。自分を隠して生きたって楽しくないだろう？

〈カーネギー『名言集』〉
〈ジョブズ『スティーブ・ジョブズⅠ』〉

カーネギー　私は、「笑顔は、あなたの好意のメッセンジャーである。あなたの笑顔は、それを見る人、すべての人の心を明るくする」といっています。

ジョブズ　笑顔は、人間関係のなかでどのように働くのですか。

カーネギー　人に好印象を与え、その人があなたのことを好きになるきっかけを作ってくれます。笑顔は、その人の印象がよくなるように働くのです。だから初対面の際、人間関係を構築するのに、笑顔は欠かすことができません。

ジョブズ　職場の人間関係についてはどうなのですか。

カーネギー　職場の上司や顧客との関係でストレスを感じている人に笑顔は、太陽の光のような輝きを与えてくれる。笑顔は、人に好かれる力、人を好きになる力を持っています。

ジョブズ　私は、「人に好かれるために微笑む必要はない。感情は素直に表せ。正直に生きよ」と教えています。この点、あなたとは反対の意見を持つ者です。

カーネギー　たとえば、どういうことですか。

ジョブズ　日本の歌に『皆の衆』という歌があります。その歌では、嬉しかったら笑うこと、悲しかったら泣くことの大切さを示し、自然体であれと歌っています。私はまた、「顧客の顔色を見て商品を作るな」といっているくらいなので、笑顔は必ずしも必要ないと思います。

カーネギー　でも、あなたの笑顔、ヒゲ面でも、とても魅力的ですよ。

⑯全員の名前が分かる一〇〇人以内の組織がうまくいく

名前というものは、当人にとって、最も快い、最も大切なひびきを持つものだということを忘れないこと。

〈カーネギー『人を動かす』〉

予定では、一〇〇人の人間を収容するレイアウトになる。一〇〇人以上の事業部を動かす気はないし、君らだって一〇〇人以上の人間といっしょに働きたいとは思わないだろう。

〈ジョブズ『スティーブ・ジョブズ全発言』〉

カーネギー　私は、相手の名前を覚え呼びかけることが、人に好かれるきっかけになるといっています。特に、初対面の人の名前はすぐ覚えて、できるだけ使うとよい。もし名前を呼びかけねばトラブルになる、と警告もしています。

ジョブズ　相手の名前を覚え、それを呼びかけるといいのですね。それはなぜですか。

カーネギー　初対面の人であろうと顔見知りの人であろうと、名前を呼ばれると心地よく感じ、呼んだ人に対して好印象を持つからです。たとえば会社の上役から名前で呼ばれれば、「自分の名前を覚えてくれていたのだ」と、その人に好意を抱くでしょう。

ジョブズ　そうですね。私は社員に、「一〇〇人以上の事業部を動かす気はないし、君らだって一〇〇人以上の人間と一緒に働きたいとは思わないだろう」といっています。

カーネギー　それは、どうしてですか。

ジョブズ　仕事のチームが一〇〇人以内であれば、全員が顔見知りになり、ほとんどの人の名前を覚えます。うまく機能している組織は、一五〇人以内であることが最近の研究からも分かっています。私が一〇〇人以上の事業部を動かす気はないと考えたのは、こうした事情からです。一〇〇人以内の組織であれば、日常的に仲間の名前を呼ぶことになり、相互の仲はより円滑なものになると私も思います。

㊼聞き上手であれば話し下手でもよい

よい会話者になりたいと思うなら、よい聞き手、つまり聞き上手になりなさい。あなたが、相手から興味を持たれたければ、会話中に相手が喜んで答えるような質問をしなさい。相手がこれまでやりとげたことを話したくなるような、そんな質問をしなさい。

〈カーネギー『人を動かす』〉

ののしりあいの議論もしてきた。怒鳴り合いながらだ。あんな最高の瞬間ってものは、僕の人生にもあまりないくらいね。

〈ジョブズ『スティーブ・ジョブズ自分を超える365日の言葉』〉

カーネギー　私は、「話し上手な人ではなく、いい会話者が好かれる。いい会話者とは、聞き上手の人である」といっています。世の中には話し上手な人はたくさんいるけれども、話し下手の人のほうがさらに多いと思う。

ジョブズ　聞き上手であれば、話し下手でもよいというのですね。

カーネギー　そうです。私の「聞き上手が人に好かれる」というメッセージは、多くの話し下手の人には救いになると思いますよ。

ジョブズ　聞き上手とは、どんな人ですか。

カーネギー　相手の話を真剣に聞き、話し手を満足させる人、話し手が話したいことを聞き出し、それを興味深く聞く、そういう人です。

ジョブズ　私は、会話好きというより、どちらかといえば議論好きといえる人間です。「ののしり合いの議論もしてきた。怒鳴り合いながらだ」というメッセージは本当のことです。

カーネギー　なぜそのようなことをするのですか……ののしり合いの議論なんて。

ジョブズ　世界最高の製品を作るためです。スタッフと激しい議論をし、創造性を刺激しようとしてきました。私は聞き手にまわることもありましたが、あえて強烈な話し手になることも多かったのです。相手は最初、私のことを好きにはなりませんでした。しかし、スタッフとして働くようになり、私の目標を理解するようになると、だんだん私のことを好きになってくれました。

⑱顧客の関心のありかを誰よりも早くつかむのが仕事だ

相手の関心を見抜き、それを話題にするやり方は、結局、双方の利益になる。相手しだいで成果も違うが、概していえば、どんな相手と話をしてもそのたびに自分自身の人生が広がる。

〈カーネギー『人を動かす』〉

顧客が今後、なにを望むようになるのか、それを顧客本人よりも早くつかむのが僕らの仕事なんだ。

〈ジョブズ『スティーブ・ジョブズⅡ』〉

カーネギー　私は、「相手があなたに注目するのでなく、あなたが相手に注目し、相手の関心がどこにあるかを見極め、それを話題にすることが重要だ」と考えています。

ジョブズ　相手の関心が何にあるのかを見極めるには、どうしたらいいですか。

カーネギー　人との関係構築には、相手の関心のありかを見抜くことが大切で、そのためには、「あなたが好かれたいと思っている人の知人と話し、どんなことに関心を持っているかの情報を集め、それを話題にすることだ」と助言をしています。

ジョブズ　相手と会話する前に、相手の関心がどこにあるのか情報を集めておく……なかなか理にかなっていますね。そうすれば相手の心をつかめる、と。

カーネギー　そう。相手が真に関心を持っていることを話題にすれば、好かれるのは間違いない。

ジョブズ　私は、「顧客が何を欲しがっているかではなく、何を欲しがるようになるか」を常に考えていました。私が好んでやまないウェイン・グレツキー（プロアイスホッケー選手）の言葉があります。「私が滑り込んでいく先は、パックが向かってくるポイントであり、パックがあったところではない」。パックとは、アイスホッケーで球技のボールに当たるもの。これらのことから、私は顧客の関心のありかを誰よりも早くつかむことを、自分の仕事だと考えていました。それが、パックがあった場所ではなく、パックが来るところに行くという意味なのです。

㊾相手が重要視している点をほめるのが肝心だ

相手が重要視していることをほめることが肝心である。〈カーネギー『人を動かす』〉

君たちは、技術と文化を融合させるアーティストだ。アーティストは、自分の作品にサインするものだ。〈ジョブズ『スティーブ・ジョブズI』〉

カーネギー　私は、「人は誰でも、周りの人から認めてもらいたいと思っており、自分の重要性を感じたいと思っている。だから、自分が優れている点を認めて、心からほめてもらいたいと思っている」と考えています。

ジョブズ　どんなことでもほめればよい、というわけではないのですね。

カーネギー　もちろんそうです。相手が重要視している点をほめるのが肝心なのです。そのようにすれば、人は相手に好かれます。特に初対面の場合に相手をほめれば、その場ですぐに好意が返ってくるものだと、私は教えています。

ジョブズ　私は、マッキントッシュを芸術作品だと考え、それを開発したメンバーのサインを製品の裏面に入れようとしました。四六名のサインは、すべてのマッキントッシュの内側に彫り込まれているのです。

カーネギー　おもしろい発想ですね！　四六名の社員は、さぞかし嬉しかったでしょうね。

ジョブズ　私は、「アーティストは、自分の作品にサインするものだ」と、彼らにいいました。仕事はすべて「作品」なのです。サインを入れることは、メンバーをエンジニアであるとともにアーティストだと認めることであり、私の心からのほめ言葉なのです。その結果、メンバーは自分に誇りを感じ、そして私も彼らに好かれました。

第8章　人を説得する

⑳自分たちの強みについて議論し、弱みについてはスキップする

議論に勝つ最善の方法は、議論を避けることだ。［既出］

〈カーネギー『人を動かす』〉

僕らは、技術については詳しいけど、音楽についてはあまり詳しくない。だから議論はやめておこう。

〈ジョブズ『スティーブ・ジョブズII』〉

ジョブズ　次に、人を説得する原則について意見を伺いましょう。

カーネギー　「議論に勝つことは不可能だ。もし負ければ負けたのだし、たとえ勝ったにしても、やはり負けているのだ。なぜかといえば、やっつけられたほうは劣等感を持ち、自尊心を傷つけられ、憤慨《ふんがい》するだろうからだ。さらに、議論に負けても、その人の意見は変わらない」と、私は考えています。

ジョブズ　人と議論をしても何もよいことは起こらない、ということですね。

カーネギー　だから先に述べたように、「議論に勝つ唯一の方法は、議論を避けることだ」

ということになる。相手をやっつけるよりも、好かれるほうがよほど愉快だ。そう思いませんか。

ジョブズ　うーん、私は、そうは思いません。「製品がすべてなんだ」というほどに、私は優れた製品を愛してきました。だから、あれもこれもと製品の種類を増やしていくと、自分たちの強みが拡散していきます。私は、それを恐れ、議論しました。

カーネギー　なぜ、恐れたのですか。

ジョブズ　強みが拡散してしまうと、自分たちの強みがなくなってしまうと思ったからです。だから、強みについては徹底的に議論しました。それによって、製品の品質はより優れたものになっていきました。そして、自分たちの弱みについてはスキップし、無駄な議論は避けるようにしました。

カーネギー　課題の質によって、議論するかどうかを決めてきたのですね。

⑺人の意見を変えさせることは最高の条件下でも困難だ

相手の間違いを正すのは、悪いことではない。しかし、良好な人間関係を作ろうとしたら、それを抑えなければならない。

〈カーネギー『人を動かす』〉

良くない部分があったとき、それを無視し、あとで直せばいいというのはダメだ。
〈ジョブズ『スティーブ・ジョブズII』〉

カーネギー　私は、「相手の意見に敬意を払うこと、そして、決して相手に間違っているといわないことが重要である」と考えています。

ジョブズ　どうして、間違っているといわないのですか。

カーネギー　なぜなら、人の意見を変えさせることは、最も恵まれた条件の下でさえ大変なことだからです。何を好んで条件を悪化させるのだ、と考えます。

ジョブズ　相手の誤りを指摘しないようにすると、その人はどう変わるんですか。

カーネギー　相手の誤りを指摘しないようにすると、それまでとは違って、自分の考えや意見が様々なところで通るようになります。そのためにも、人の誤りは指摘しないほうがよいのです。

ジョブズ　私は、「間違った方向に進んだり、突っ走ったりしないためには、一〇〇〇の事柄にノーといわなければならない」と考えています。優れた製品にこだわる私は、自分で納得がいかないとスタッフに「ノー」を突きつけ、最高の製品を求め続ける姿勢を崩さなかったのです。だから、ダメなところがあっても何もいわず、後で直せばいいなどとは、決して考えなかった。アップルの経営者として何度も「ノー」といい続け、最高の製品を目指そうとしました。ダメなものはダメなのです。

カーネギー　それで人間関係がうまくいけばよいのですが、難しいと思いますね。

⑫自分の誤りを誰かに指摘されてから謝るのではダメだ

もし誤りを犯したとすれば、すぐに、はっきりと、それを認めなさい。

〈カーネギー『人を動かす』〉

革新的なことをしていると、たまには過ちを犯す。一番よいのは、すぐその過ちを認めて次の革新を急ぐことだ。［既出］

〈ジョブズ『ジョブズ100の言葉』〉

カーネギー　私は、「自分の誤りを指摘されてから謝るのではなく、自分の誤りに気がついたら、誰よりも先に謝ることだ」といっています。

ジョブズ　誤りを指摘される前に謝れば、どのような効果がありますか。

カーネギー　先に謝れば、相手は何もいうことがなくなります。相手は寛大になり、こちらの誤りを許す態度に出るのです。

ジョブズ　私も、間違いをしたときは、それをすぐに認めたほうがよいと考えています。

カーネギー　そうですね。自分の誤りを自ら認めれば、自らの潔さに高揚感すら感じます。愚かな人は、自分の誤りの自己弁護に汲々《きゅうきゅう》としていますが、逆をすれば、きわめて楽なもの。もし誤りを犯したとすれば、すぐにそれを認めるべきなのです。

ジョブズ　私も、「間違いはさっさと認め、次の革新にとりかかることだ」といっています。私は自分の、そして自分たちの誤りを率直に認め、次の技術革新や経営革新にとりかかるのが大事だと考えています。最高の製品を提供することを目標としていれば、過去の過ちに執着し、そこに留まってはいけないのです。

カーネギー　その点では、私の考えと同じですね。自分が間違いをした場合、それを無視したり、自らを責めたりせず、「このようなやり方をすればどうだろう」と、自分に問うてみる。自分の誤りを直ちに認め、誤りから学び、訂正するように試みることが大切です。

⑬厳しい言葉よりも甘い言葉のほうが人の心を動かす

相手の心が反抗と憎悪に満ちているときは、いかに理を尽くしても説得することはできない。人間は自分の心を変えたがらないということを、心得ておくべきだ。人を無理に自分の意見に従わせることはできない。しかし、優しい打ち解けた態度で話し合えば、相手の心を変えることもできる。

〈カーネギー『人を動かす』〉

一緒に明日を創っていこう。過去にくよくよするのではなく。

〈ジョブズ『スティーブ・ジョブズ全発言』〉

カーネギー　私は、「一言の甘い言葉は、大量の厳しい言葉よりも、人の心を動かすことができる」といっています。

ジョブズ　厳しい言葉よりも甘い言葉のほうが、人の心を動かすのですね。

カーネギー　誤りを犯した人は、すでに気持ちが落ち込んでいます。そこでさらに非難されたり怒られたりすると、もっと落ち込んでしまう。すると人によっては、相手に嫌悪や憎悪《ぞうお》の感情を抱くこともあります。

ジョブズ　では、誤りを犯した人には、どのような態度で接すればよいのですか。

カーネギー　誤りを犯した人を叱《じか》っても、まったく効果はありません。それよりも、大きな心を持ち、寛容に構え、穏やかに語りかける。そうすれば、その人の心を変えることができます。

ジョブズ　私はアップルに復帰したとき、「昔のことは忘れることだ。我々がいるのは、いまこの場所なんだ。だから、我々は先を見るようにしなければならない」と、社員を諭すように語りかけました。

カーネギー　穏やかに語りかけたのですね。

ジョブズ　そして、「大事なのは、明日何が起こるかだ。過去を振り返って、クビにされなければよかったとか、そこにいればよかったといってもしょうがない。もう関係ないんだ」といいました。「過去にくよくよするのではなく、一緒に明日を創っていこう」と、穏やかな口調で社員にエールを送ったのです。

⑭会話の最初には相手がイエスと答える話題を選ぶ

友だちでも、顧客でも、夫でも妻でも子どもでも、はじめに相手に「ノー」といわせてしまうと、それを「イエス」に変えるには、大変な労力が必要になってしまう。だから、最初から「イエス、イエス、イエス」といわせる作戦を取れ。

〈カーネギー『人を動かす』〉

方向を間違えたり、やりすぎたりしないようにするには、まず本当は重要でもなんでもない一〇〇〇のことに「ノー」という必要がある。〈ジョブズ『ジョブズ100の言葉』〉

カーネギー　私は、「会話の最初に、相手がイエスと答える話題を次々と取り上げるのがよい」といっています。そのためには、「相手がすぐにイエスといえるように話題を進めること、そういう話題を選ぶことが大切だ」と考えています。

ジョブズ　なぜ、相手にイエスと答えさせるのですか。

カーネギー　たとえば商談などでは、相手にイエスといってもらわなければなりません。誰であれ相手にノーといわせてしまうと、それをイエスに変えることには、たいへんな苦労が伴います。だから、最初からイエス、イエスと答えさせて、人の心を動かすのです。

ジョブズ　私は、「仕事上で何かに絞り込むということは、イエスではなくノーということだ」と考えてきました。「ノーということによってのみ、本当に重要な物事に集中できる」ともいっています。

カーネギー　表向きでは、私のイエスとあなたのノーは対立しているように見えますね。

ジョブズ　私にとって最も重要な決定とは、「何をするのかではなく、何をしないかを決めることだ」と考えています。私は顧客の要望を優先して考え、それに添わないものには徹底してノーといってきました。最高の製品を作るためにノーといい、それによって技術者のイエスを引き出しているともいえます。

⑮自己重要感を満たすため相手に十分しゃべらせる

相手を説得しようとして、自分ばかりしゃべる人がいる。相手に十分しゃべらせるのだ。相手のことは相手が一番よく知っている。だから、その当人にしゃべらせることだ。

〈カーネギー『人を動かす』〉

僕は自分が何を求めているか知っているし、彼らが何を求めているかも知っている。

〈ジョブズ『スティーブ・ジョブズの言葉』〉

カーネギー　私は、「人は誰でも自己重要感を満たしたいと思っている」といってきました。だから、人から「素晴らしい」とほめられ、「たいしたものだ」と評価されれば、この欲求は満たされます。そのためには、「相手に自分のことを十分にしゃべらせることが大事だ」といっています。

ジョブズ　どうして自分のことをしゃべると自己重要感が満たされるのですか。

カーネギー　人は、これまでの自分の業績を話したいのです。それを満たすことで、その人の自己重要感を高めることができます。それを広い心と忍耐をもって受け止める……これが人を動かすために重要なポイントなのです。しゃべらせることによって相手の好意や信頼を獲得し、説得する糸口をつかむのです。

ジョブズ　私は、「みんなが何を求めているかを知っている」と社員にいってきました。私は誰かと話し合うとき、その人が何を求めているかを察しながら話しています。人が話したいことを聞くには、忍耐がいります。しかし、我慢して人の話を聞くことで、その人を自分が考える方向に動かすことができるのです。

カーネギー　相手を満足させるために、あるいは理解するために、忍耐をもって話を聞くということですね。狙っているところは私と同じだと思います。

⑯押しつけられた意見より、自分で思いついた意見を、人は大切にする

人から押しつけられた意見よりも、自分で思いついた意見のほうを、我々は、はるかに大切にするものである。すると、人に自分の意見を押しつけようとするのは、そもそも間違いだと言える。暗示を与えて、結論は相手に出させるほうが、よほど利口だ。

〈カーネギー『人を動かす』〉

イノベーションが生まれるのは、人々が廊下ですれちがって話をしたり、夜の一〇時半に電話をかけ合ったりするところからだ。

〈ジョブズ『スティーブ・ジョブズII』〉

カーネギー　「他人が考えついたアイディアよりも自分で考えついたアイディアのほうが、ずっと信頼できませんか。それなら、あなたの考えついたことを相手の口からいわせるようにするのは悪くないでしょう。相手がそのアイディアを考えつくように、あなたがヒントを与えるのは賢い方法ではないですか」と、私はいっています。

ジョブズ　なぜ、そのように考えたのですか。

カーネギー　それは、人は誰でも、他者からいわれて行動するのを好まないからです。自分で考えて行動するのが好き。だから、自分のアイディアをそれとなく譲り、相手が自分で思いついて行動したと思えるようにするとよいのです。

ジョブズ　私は、「革新的なアイディアが生まれるのは、なにげなく話し合ったり、やや遅い夜にリラックスして電話で話し合ったりしているときだ」と思っています。どちらの場合も、会議や仕事をしているときでなく、心がリラックスしているときです。

カーネギー　上司と部下の関係のなかでいえばどうなりますか。

ジョブズ　同じように、会議のときなどではなく、部下がリラックスしているときに、自分のアイディアを部下が思いついたと思わせるようなヒントを与えるのがよいと思います。

⑰相手の意見を受け入れれば、こちらの意見も受け入れられる

自分の意見を述べるだけでなく、相手の意見をも尊重するところから、話し合いの道が開ける。まず、話し合いの目的、方向をはっきりさせて、相手の身になって話を進め、相手の意見を受け入れていけば、こちらの意見も相手は受け入れる。

〈カーネギー『人を動かす』〉

他人の機嫌を損ねたり、怒らせたりしないようにするから、リーダーシップが発揮できないのだ。僕は、そういう悩みとは無縁だった。

〈ジョブズ『スティーブ・ジョブズII』〉

カーネギー　私は、「相手が間違っていると思うことがあっても、その人は自分が間違っているとは思っていない。だから、相手を非難しても始まらない。非難は愚かな人でもできる。賢明な人は相手を理解しようと努める」といっています。

ジョブズ　間違っている人に、間違いを指摘するのが愚か者ですか。賢明な人は？

カーネギー　賢明な人は、忍耐強く相手を理解しようと努めるのです。つまり、「この人は愚か者だ。しかし、間違っていると決めつけず、なぜこの人はそんなふうに考え、行動するのか、その人の立場に立って考え、原因や理由を明らかにすることが大事だ」ということです。

ジョブズ　私は、「時間は限られている。だから、他人の人生を生きたりして無駄に過ごしてはいけない。他人の意見が、雑音のようにあなたの内面の声をかき消したりすることのないようにしなさい」といっています。それほどに、自分の考えや発想を大事にしてきました。そのほうが賢いやり方だと思ったからです。

カーネギー　相手の身になって考えるという観点が希薄に見えるのですが。

ジョブズ　確かに、その姿勢はあまり見えないと思います。私は、相手の身になって考える以上に自分の考えを示し、それが実際に価値のあることを知らしめることで、相手を説得してきました。他人の機嫌《きげん》を損《そこ》ねたり、怒らせたりしないように配慮し過ぎるから、リーダーシップを発揮できないと思うのです。

⑱同情すれば相手は自分を好きになり、望むような行動をとる

口論や悪感情を消滅させ、相手に善意を持たせて、あなたの言うことを、大人しく聞かせるには、「あなたがそう思うのは、もっともです。もし私があなただったら、やはり、そう思うでしょう」。こう言って話をはじめる。

〈カーネギー『人を動かす』〉

若い頃、何かにかぶれていれば、ゲイツももう少し人間の幅が広がったかもしれないけどね。

〈ジョブズ『スティーブ・ジョブズⅠ』〉

カーネギー　私は、「我々が交渉を持つ相手の四人に三人は、みな同情を求めている。だから、相手に同情の気持ちを示すことで、あなたはその人たちから好かれることになる」といっています。

ジョブズ　人は、それほどに同情を求めるものですか。

カーネギー　そうですよ。だから、「同情が欲しいあまり、自分の弱みをあえて見せる人も出てくる。なかには、自分を傷つけてまで同情を買おうとする人も出てくる」と、私は警告を発しているほどです。人の同情への欲求は、それほど強いものなのです。このことを軽く見てはいけません。同情を与えれば、相手はあなたのことを好きになり、あなたが望むような行動を起こすようになります。

ジョブズ　私は、一九七二年から七六年ごろまでのあいだ、一〇〇回から一五回くらいＬＳＤを使用したことがあります。これが引き起こすサイケデリックな体験は、「人生で最も重要な経験の一つだ」と思っています。だから、もしビル・ゲイツが自分と同じ体験をしていたら、もっと優れた製品を開発できたであろうと、ある種の同情を禁じ得ません。もちろん、ゲイツはこの説得に応ずることはなかったでしょうけどね。

カーネギー　ＬＳＤ経験のないゲイツに同情を寄せるというのは、どうかと思いますが、薬物以外にかぶれていればよかったですね。そのほうが同情を寄せる効果があります。人を説得する同情は、両者にとって納得いくものでなければなりません。

⑲こうなりたいと願っている相手の美しい心情に応えれば人は動く

人間は誰でも正直で、義務を果たしたいと思っている。人をごまかすような人間でも、相手に心から信頼され、正直で公正な人物として扱われると、なかなか不正なことはできないものなのだ。

〈カーネギー『人を動かす』〉

人間は元来、創造的な存在だ。

〈ジョブズ『スティーブ・ジョブズ全発言』〉

カーネギー　「人間は誰でも正直で、義務を果たしたいと思っている。あなたがそれに応えるように接すれば、その人を動かすことができる」と私は考えています。

ジョブズ　相手がこうなりたいと願っているその美しい心情に応えれば、人は動くということですね。

カーネギー　そうです。たとえば、日本で起こった東日本大震災（二〇一一年）や熊本地震（二〇一六年）の折に人々が寄付をしたり、ボランティア活動に参加したりしたのは、少なくとも「人間として立派でありたいと思う心」によると私は考えています。人の行為をほめたり評価したりすれば、その人はあなたに好意を持ち、あなたが期待するような行動を促すことができるのです。「相手を評価して、相手の自尊心を高めよ」です。

ジョブズ　私は、「人間は元来、創造的な存在だ」と考えています。「アップルとは、既成概念の外で思考できる人々のことだ」ともいっています。だから、アップルはコンピュータによって世界を変えたい人々、コンピュータで何かを創造したい人々の集合体なのです。

カーネギー　創造的集団ですか。束ねるのは容易ではないでしょう。

ジョブズ　そうです、容易ではありません。したがって、これらの人々を束ねて新製品を作るには、彼らの純粋で創造的な心情に呼びかけねばなりません。私が、彼らをエンジニアではなく、アーティストと呼ぶのはその一例です。

⑧⓪事実をそのまま伝えるのではなく、ドラマチックに演出する

現代は演出の時代である。単に事実を述べるだけでは十分ではない。事実に動きを与え、興味を添えて演出しなければならない。興行的な手法を用いる必要がある。映画、ラジオ、テレビなど、皆この手法を使っている。人の注意を引くには、これによるのが

何よりも有効だ。

〈カーネギー『人を動かす』〉

人は表紙で書籍を評価する。だから、アップルの飾りやパッケージは、すべて、なかに素晴らしい宝石が入っているとわかるものにしなければならない。

〈ジョブズ『スティーブ・ジョブズII』〉

カーネギー　私は、「いまはドラマ化の時代である。単に事実を述べているだけでは不十分だ。事実は、興味深くドラマチックに伝えなければならない。ショーマンシップを使わなければならない」といっています。

ジョブズ　なるほど、事実にドラマチックな演出が必要だというわけですね。

カーネギー　その通りです。演出を考えて事実をドラマチックに仕上げる。これが私の人を説得するやり方の一つです。事実をそのまま伝えるよりは、ドラマチックに演出して示したほうが、明らかに効果がある。だから、人を説得し、あなたが思うようにその人を動かすには、事実に演出を加え、興味を持つように仕立て上げればよいのです。

ジョブズ　私も、新製品のプレゼンテーションを大切にし、誰よりも力を入れてきました。私のいう「製品がすべてなんだ」という言葉の通り、製品を心から愛しました。

カーネギー　あなたのプレゼンテーションは、たいへん有名ですね。それぞれの新製品を売り出すたびに話題になりました。あなたが身に着けている定番のスタイルも、それによって皆が知るところとなりました。

ジョブズ　ありがとう。新製品を売り出すときには最大級のプレゼンテーションを行い、最高の装飾を施して送り出すことを心がけました。社員にも、製品が売れるよう、その演出を工夫することを促しています。

⑧1人を動かすのは仕事そのものの魅力である

成功者はみなゲームが好きだ。自己表現の機会が与えられるからだ。存分に腕を振るって相手に打ち勝つ機会、これがいろいろな競争や競技を成立させる。優位を占めたい欲求、重要感を得たい願望、これを刺激するのだ。

〈カーネギー『人を動かす』〉

僕は、ナンバーワンになりたい。

〈ジョブズ『スティーブ・ジョブズI』〉

カーネギー　私は、「人を動かすのは仕事そのものの魅力である。そして、仕事によって自己表現ができて初めて、自分の重要感が得られるのだ」と説いています。

ジョブズ　人を動かすのは、仕事そのものの魅力もある、ということですね。仕事の持つ魅力はそれだけですか。

カーネギー　その他に、仕事には対抗心を刺激するという魅力があります。あくどい金儲けといった類いのものではなく、他人よりも優れたいという対抗心です。これを利用すべきでしょう。他人よりも優れていたいという真摯《しんし》な対抗心を刺激することで、周りの人からも好感を得て、人を動かすことができるようになるのです。

ジョブズ　私は、「僕にはライバルはいない」といい、「僕は、ナンバーワンになりたい」といってきました。

カーネギー　なぜ、ナンバーワンになりたかったのですか。

ジョブズ　私は、優れた製品を作り出し、他社の追随を許しませんでした。ナンバーワンにこだわる私は、社員用のバッジの番号にもこだわりました。共同経営者のウォズニアックに一番、私に二番が用意されていましたが、「僕はナンバーワンになりたい。ウォズが一番なら僕はゼロ番がいい。そうすればウォズは一番になれる」といいました。それほどに、ナンバーワンにこだわりがありました。仕事における対抗心を刺激していたのだろうと思います。

第9章　人を変える

㉜賛辞を与えた本人が忘れても受けた人は忘れない

嘘でない心からの賞賛を与えよう。〝心から賛成し、惜しみなく賛辞を与え〟よう。相手は、それを、心の奥深くしまい込んで、終生忘れないだろう——与えた本人が忘れても、受けた相手は、いつまでも忘れないで慈《いつく》しむだろう。

〈カーネギー『人を動かす』〉

自信を持てよ。これはお前が創ったアートなんだぜ。

〈ジョブズ『スティーブ・ジョブズ自分を超える365日の言葉』〉

ジョブズ それでは、人を変える原則について考えを伺いましょう。

カーネギー 「相手をまずほめるのは、歯科医が局部麻酔をするのによく似ている。もちろん、あとでガリガリやられるが、麻酔はその痛みを消してくれる」と私は考えています。

ジョブズ おもしろいたとえですね。ほめるのは局部麻酔ですか。

カーネギー ほめられると、人はそれを心の奥深くにしまい込んで、終生忘れません。賛辞を与えた本人が忘れても、受けた人はいつまでも忘れないで慈しむのです。人を変えるには、まずほめることが大切な行為なのです。

ジョブズ　私は、「僕らは、ただのエンジニアじゃない。アーティストなんだ」といっています。私は文化の香りのする製品を求めました。「自信を持てよ。これは君が創ったアートなんだぜ」——これは開発に携わるスタッフのやる気を引き出そうとしていった言葉です。

カーネギー　スタッフにとっては、最高のほめ言葉ですね。

ジョブズ　私は、「ただ数字を見るのではなく、最も重要なこと、すなわち覆いの下をのぞいて、アイデアと人間の質を評価する」といっています。そして、「芸術作品の覆いの下をのぞいて、アイディアと人間の質を評価する」ともいいました。メンバーをエンジニアであるとともにアーティストと認める言葉であり、私の最高のほめ言葉です。

⑧③人をほめたら「そして」と続ける

工事が始まって、最初の二、三日、ジェイコブ夫人が仕事から帰ってみると、庭は材木の切れ端が散らばって、ひどい有様だった。そこで、職人が帰った後、木屑《きくず》を拾い集め、きれいに庭の隅に積んでおいた。次の朝、現場監督の男に、「昨日は、あなた方の後始末がとてもよくて、お隣からの苦情も出なかったし、とても喜んでいます」といった。その日から、職人たちは後片付けをするようになった。

〈カーネギー『人を動かす』〉

少し休んで考える？　それも悪くないな。

〈ジョブズ『スティーブ・ジョブズ自分を超える365日の言葉』〉

カーネギー　「人をまずほめておいて、次に『しかし』という言葉を挟んで批判的なことをいい始める人が多い。『しかし』という一言が耳に入ると、先ほどまでのほめ言葉が、果たして本心からだったのか疑いたくなる」と私は思う。

ジョブズ　ほめておいて、その後で注意をするというのは、よく使うやり方ですね。それでは効果がない、と。どうすればよいのですか。

カーネギー　「この失敗は、『しかし』という言葉を『そして』に変えると、すぐに成功に転ずる」と私は教えています。このメッセージは、わかりやすく遠まわしに注意を与えることで人を変える例を示している。ほめ言葉が批判の前置きであれば、人は変わらないのです。

ジョブズ　私は、「我々の値打ちは次回作で決まる」というウォルト・ディズニーの教えから、「アップルでは、腰を下ろして休むことは絶対にすすめられない」といってきました。

カーネギー　「休むことは絶対にすすめられない」ですか。ストレートな表現ですね。

ジョブズ　私は、ソフト開発会社をアップルに売却した責任者に、「あなたの次のチャレンジは？」と聞いてみました。「少し休みたいな」と相手が答えたので、「少し休んで考える？　それも悪くないな」といったのです。しかし本心は、「休むことは絶対にダメだ」といいたかったのです。それを遠まわしに、「それも悪くないな」と暗示を与えていったつもりです。

㉞自分の誤りを相手に話してから、間違いを注意するのだ

人に小言を言う場合、謙虚な態度で、自分は決して完全ではなく、よく失敗をするがと前置きをして、それから相手のまちがいを注意してやると、相手はそれほど不愉快な思いをせずにすむものだ。

〈カーネギー『人を動かす』〉

どれだけ宣伝を打ったところで、失敗作をヒット作に変えることはできない。

〈ジョブズ『スティーブ・ジョブズ全発言』〉

カーネギー　私は、「自分が悪いと知ったら、自分で自分をやっつけておいたほうが、はるかに気が楽ではないか。他人の非難よりも自己批判をしておくほうが、相手は何もいうことがなくなる。ほとんどの場合、相手は寛大になり、こちらの誤りを許す態度に出るだろう」といっています。

ジョブズ　その原理には既に触れましたね。

カーネギー　そうです。自分の誤りを相手に話して寛大な気持ちにさせておき、それから相手の間違いを注意してやる。すると相手は、それほど不愉快な思いをせずに済むということです。

ジョブズ　「想像を超えたひどい状態だった。みんな長いあいだ負け犬だといわれ続け、諦めかけていた。戻った最初の半年は失敗の連続で、僕でさえ諦めようかと何度も思ったくらいだ」とは、私がアップルに復帰した当初に感じていたことです。負けん気の強い私にしては、弱気な一面を見せてしまいました。

カーネギー　それでいいのです。人間は完璧ではありません。ときに弱みを見せることも必要なのです。

ジョブズ　自分たちの誤りを率直に認め、誰よりも先にそれを公表することで再生を誓ったのです。どれだけ宣伝を打っても、失敗作をヒット作に変えることはできません。その二年後、アップルは実際に再生を遂げます。私の再生への強い姿勢が、社員を変えていったと思っています。

㊿命令ではなく暗示を与え、相手に自主的にやらせるのだ

命令ではなく、暗示を与える。「あれをせよ」「そうしてはいけない」などとは決していわない。「こう考えたらどうだろう」「これでうまくいくだろうか」などといった具合に相手の意見を求める。決して命令はせず、自主的にやらせる。そして、失敗によって学ばせる。

〈カーネギー『人を動かす』〉

命令によって生産性を上げることはできない。人々が最善を尽くせる手段を与えなければならない。［既出］

〈ジョブズ『1分間スティーブ・ジョブズ』〉

カーネギー　私は、命令ではなく相手に意見を求めることで人を変えることができると考えています。

ジョブズ　命令では、人を変えられないのですか。人を変えるには、どうしたらよいと考えますか。

カーネギー　命令では人を変えられません。命令はせずに、「こう考えたらどうだろうか」と問うことで、相手に気持ちよく受け入れられる。そればかりか、創造性を発揮させることもできるのです。必ず、自主的に判断させ行動させる、そして失敗によって学ばせる。そうすることで初めて、人を変えることができるのです。

ジョブズ　私は、「あれこれ口を出さないことにしたのは、我々が下した大いなる見識の一つだ。他社は、あれこれと口を出し、手を加えて、役立たずの製品にしてしまった」と皆によくいっていました。

カーネギー　あなたは、上司が部下に命令を下すようなやり方は、なぜうまくいかないと思いますか。

ジョブズ　上層部からの命令だと、部下の発想力が萎縮《いしゅく》してしまうのです。私は、それを恐れた。命令によって生産性を上げることはできない……それよりも、部下の能力を最大に発揮できる環境を作ることのほうが大事なのです。私は、そう考えています。

㊻相手が絶対に間違っていても、彼の顔をつぶしてはいけない

相手の顔を立てる！　これは大切なことだ。しかも、その大切さを理解している人は果たして何人いるだろうか？　自分の気持ちを通すために、他人の感情を踏みにじっていく。相手の自尊心などはまったく考えない。もう少し考えて、一言二言思いやりのある言葉をかけ、相手の心情を理解してやれば、そのほうが、はるかにうまくいくだろうに！

〈カーネギー『人を動かす』〉

天才としての君の自信はどうしたんだ。いつまでも人を面食らわせて面白がっているんじゃなくて、もっと広い社会を相手にしようじゃないか。パソコンで大型コンピュータに戦いを挑もうよ。パソコンのジャンルを作り出したのは君じゃないか。これは、君の芸術なんだよ。

〈ジョブズ『スティーブ・ジョブズI』〉

カーネギー　私は、「たとえ自分が正しく、相手が絶対に間違っていたとしても、彼の顔をつぶすことは、ただ自尊心を傷つけるだけに終わる」と思っています。

ジョブズ　相手の顔をつぶすのは、自尊心を傷つけるだけなのですね。

カーネギー　そうです。「大切なことは、相手を私がどう評価するかではなくて、相手が自分自身をどう評価するか、である。相手の人間としての尊厳を傷つけることは、犯罪なのだ」という教えを、私は大切にしています。だから、相手の顔をつぶさず、その心情を理解してやれば、物事ははるかにうまくいくといっているのです。

ジョブズ　私は、後にアップルの共同設立者になるウォズニアックに、「天才としての君の自信はどうしたんだ。いつまでも人を面食らわせて面白がっているんじゃなくて、もっと広い社会を相手にしようじゃないか」と、まだ二人とも若かったときにいいました。

カーネギー　そのとき、相手の顔を立てるようなことはいったのですか。

ジョブズ　そうですね。人を面食らわせて面白がっている親友を「天才」と呼び、パソコンは君の「芸術」なんだと顔を立てながら、新しい困難な仕事を一緒にやっていこうと誘ったのです。この言葉がウォズニアックを変え、二人の大飛躍が始まりました。

⑧⑦人への称賛は、最もコストのかからない、それでいて効果が大きい行為だ

ほめ言葉は、人間に降り注ぐ日光のようなものだ。それなしには花開くことも、成長することもできない。我々は、事あるごとに批判の冷たい風を人に吹きつけるが、ほめ言葉という温かい日光を人に注ごうとはなかなかしない。〈カーネギー『人を動かす』〉

君たちは、技術と文化を融合させるアーティストだ。アーティストは、自分の作品にサインするものだ。［既出］

〈ジョブズ『スティーブ・ジョブズⅠ』〉

カーネギー　私は「ほめる」という行為を実に大切に考えています。そのことは、「人を変える原則」でも、「人に好かれる原則」でも使っていることから分かると思います。

ジョブズ　そうですね。これまで何度も取り上げてきましたね。

カーネギー　私は人への称賛は、人を変える方法として、最もコストのかからない、それでいて効果が大きい行為と考えているのです。いうなれば、コストパフォーマンスが高い。

ジョブズ　なるほど、ほめることはコストパフォーマンスが高い……確かにそうですね。コストは、自分の口を動かすことだけですからね。

カーネギー　それなのに、我々は事あるごとに批判の冷たい風を人に吹きつけ、称賛という温かい日光を注ごうとはしません。ほめることなしに、人は花開くことも、成長することもできません。実にもったいないことです。

ジョブズ　私は、マッキントッシュを芸術作品として捉え、それを開発した四六名のメンバーのサインを製品すべての裏面に入れています。

カーネギー　そう聞きましたね。全員のサインを入れるなんて、本当にすごい。

ジョブズ　製品にサインを入れるのは、メンバーをアーティストだと認めることであり、私の最高の称賛でした。するとメンバーは自分に誇りを感じ、変わっていきました。

⑧⑧優れた人材は、すごいことをすると期待すれば、必ず応える

その人にとって名誉となるような期待をかけてあげることです。そうすれば、その人はそれに応えようと懸命に努力するようになるでしょう。〈カーネギー『人を動かす』〉

優れた人材は、「すごいことをしてくれるはずだ」と期待すれば、それに応えてくれるのだ。〈ジョブズ『スティーブ・ジョブズI』〉

カーネギー　私は、人を称賛し期待をかけることは、人を変えることに対して同じような効果を持っていると考えています。

ジョブズ　称賛することと期待をかけること、共にコストパフォーマンスも高いですよね。

カーネギー　それはいえますね。「相手をある点について正したいと思えば、その点につい

て彼は既に人よりも長じているといってやることだ。よい評判を立ててやると、その人はあなたの期待を裏切らないように努める」と考えます。期待をかけて、その人を変えていく。すると、その人は期待をかけてくれた人を好きになる。こうして良好な人間関係を築く。

ジョブズ　マッキントッシュのソフト開発がうまくいかず、「期日に間に合わない」と訴えるチームのスタッフに、私はこういったものです。「ソフトウェアチームだけが頼りなんだ。やれば、必ずできる」と。

カーネギー　チームに大きな期待をかけたのですね。

ジョブズ　そうです。チームを信頼し、どんなときにも期待をかける……「優秀な君たちは、やれば何でもできる」と激励したのです。私の言葉でチームは甦《よみがえ》り、ソフトウェアを完成させていったのです。

⑲「君ならもっとうまくできるはずだ」というメッセージは人を変える

馬鹿だとか、能なしだとか、才能がないとか言ってののしるのは、向上心の芽を摘み取ってしまうことになる。その逆を行くのだ。大いに元気づけて、やりさえすれば容易にやれると思い込ませ、そして、相手の能力をこちらは信じているのだと知らせてやるのだ。そうすれば相手は、自分の優秀さを示そうと懸命に頑張る。

〈カーネギー『人を動かす』〉

君ならもっとうまくできるはずだ！

〈ジョブズ『スティーブ・ジョブズI』〉

カーネギー　私は激励については、次のように考えています。「子どもの大望を聞いて笑ってはいけない。子どもが身のほど知らずの大望について語るときに親のなすべきことは、その大望についてあらゆる観点からよく話し合ってやることだ。そしてできることなら、どうすればその目標に近づけるか、その方法を助言してやる。それから、さあやりなさいと前進をすすめる。そして、ありとあらゆる激励を与えてやる」と。

ジョブズ　要するに、人の未来については話し合って目標に近づく方法を助言し、行動を起こさせ、激励を与える、ということですね。

カーネギー　そうです。激励すれば相手は能力に自信を持ち、自分はできるはずだと思う。そうして、その人を変えていくのです。

ジョブズ　私はスタッフが、「この仕事は難しい、できません」と訴えてきたとき、「いいたいことは全部わかった。でも、僕のために頑張ってくれないか」と答えたものです。

カーネギー　それで、そのスタッフはどうしたのですか。
ジョブズ　スタッフはそれ以上何もいわず、「わかりました」と。そして、努力しつつ、なんとか仕事を完成させました。私の激励で、彼は変わったと思っています。「君ならもっとうまくできるはずだ！」というメッセージは、人を変える力を、必ず持っています。

⑳肩書きや権威を与えると人は喜んで協力する

商品の正札をつける仕事を店員に与えたが、まじめに行わなかった。そこでその店員を呼び、こう言った。「今日からあなたを当店全部の正札係の主任になってもらうことにしました。しっかり頼みますよ」。新しい責任と肩書きを与えられたこの店員の仕事ぶりはがらりと変わり、自分の任務を完全に遂行するようになった。肩書きや権威を与えると、人は喜んで協力するものだ。

〈カーネギー『人を動かす』〉

優秀だと聞いていたが、ガラクタばかりつくっていたな。僕のところで働けよ。

〈ジョブズ『スティーブ・ジョブズ名語録』〉

カーネギー　私は、自己重要感を満足させる方法として、「その人が、それをしたくなるように働きかけることだ」といっています。

ジョブズ　そのためには、どうすればいいのですか。

カーネギー　その人をその気にさせ、自己重要感を満たすのです。私は、まじめに働かなかった店員に主任の肩書きを与えた結果、仕事を完全に遂行するようになったという事例を紹介しました。肩書きを与えて、その気にさせ、自己重要感を満たし、喜んで協力するように変えていくのです。

ジョブズ　私は、「アップルとは、既成概念の外で思考できる人々、コンピュータで世界を変えたい人々のことだ」といってきました。この発想は、他社から優秀な人材を引き抜くときにも利用しました。

カーネギー　前にも話題にしたヘッドハンティングですね。その際には、どのようにして口説くのですか。

ジョブズ　ある人物を引き抜くときに、私は「優秀だと聞いていたが、ガラクタばかり作っていたな。僕のところで働けよ」と話し、引き抜きに成功しました。自分のことを高く評価してくれている人物に、「ノー」とはなかなかいえないものです。私は、相手の自己重要感を満足させ、喜んで協力させることに成功し、その人を変えることができたと思います。

第10章　愛と幸福

㊾仕事ではなく、まず恋人や配偶者や家族を守るのだ

幸福になりたければ、見返りを求めるな。ただ、ひたすら他の人のために尽くせばよい。

〈カーネギー『道は開ける』〉

何を捨てるかで誇りが問われ、何を守るかで愛情が問われる。

〈ジョブズ『スティーブ・ジョブズの言葉』〉

カーネギー　「人は、まったく自分の考え方一つで、幸福にも不幸にもなる。だから、毎朝自分にとってありがたいもののことを考えて、一日を始めることだ。人の未来は、自分が今日考えていることに非常に大きく左右される。だから、自分にとってありがたいことばかり考えるのだ」と、私はいっています。

ジョブズ　人の未来は、今日考えていることに大きく影響される、ですか。今日の積み重ねが、自分の未来を作っていく。とすれば、具体的に、私たちは日々何を考えて過ごせばよいのですか。

カーネギー　まず、希望と自信、愛と成功のことを考えること。そして、自分の未来の中核に、愛と幸福を置いて考えることです。そのためには、他者に尽くすことが何よりも大事です。

ジョブズ　私は、「今日が自分にとって最後の夜だったら、会議とこの女性のどっちを取る？」と自問したことがあります。私は、ある女性を夕食に誘おうと思っていたのですが、先約があったので諦めた。しかし、すぐ考え直して女性を誘いました。そのときに私の頭に浮かんだのが、この言葉だったのです。

カーネギー　なぜ心変わりしたのですか。女性と仕事なら、仕事ではないのですか。

ジョブズ　私は、最終的には愛と幸福を何よりも大切に考えていたのだと思います。だから「何を守るか」の答えとしては、恋人、配偶者、家族だと思っています。その後、私はこの女性と結婚しました。

㉜女性の誕生日と結婚記念日だけは絶対に忘れてはいけない

女性は、誕生日や記念日を重視する。その理由は——これが、男性にはわからない。普通、男は、あまり多くの日付を覚えなくても、結構暮らしていける。だが、忘れてならない日も若干はある。……それは、妻の誕生日と自分たちの結婚記念日だ。この二つは絶対に忘れてはならない！

〈カーネギー『名言集』〉

今日が人生最後の夜だったら、会議とこの女性のどっちをとる？

〈ジョブズ『スティーブ・ジョブズ人生を変革する言葉』〉

ジョブズ　私は一七歳のとき、「もしあなたが、これが最後の一日だと毎日思って生きるなら、いつかきっと正しい道に進むだろう」という言葉を知りました。

カーネギー　意味深い言葉ですね。この言葉は、その後の人生にどう影響しましたか。

ジョブズ　それ以来、私は毎朝、鏡の自分を見て、「もし今日が自分の最後の一日だったら、今日やろうとしていることをやりたいと思うか」と自分に問い、「ノー」が続けば何かを変えなければならないと考えるようになりました。先のテーマ「愛」でも述べた、「今日が自分にとって最後の夜だったら、会議とこの女性のどっちを取る？」には、こうした背景があるのです。このとき私は、仕事よりも女性を選びました。愛は、私たちに与えられた最も美しい贈り物だと思います。

カーネギー　「女性や妻に対するささやかな心づくしの価値を軽く見ている男性や夫が、世の中には多すぎる。この事実に気づかない男女（夫婦）は、不幸な恋愛（結婚）生活を送らねばならないだろう」と、私は思っています。日々、相手に心づくしの言葉や品物などで感謝の気持ちを表すのがよいでしょう。

ジョブズ　私たちが、相手にささやかな心づくしをするのに、最低限、忘れてはならないことは何ですか。

カーネギー　女性の誕生日と結婚記念日。この二つは絶対に忘れてはなりません。もし忘れていれば何が起こるか、試してみてはどうですか。

⑨③平凡でも幸福な家庭生活を営む人のほうが独身の天才よりも数倍幸せだ

男が、仕事に注ぐだけの熱意を、なぜ、家庭にも注げないのか、その理由が、女性には、わからない。百万の富を作るよりも、やさしい妻と平和で幸福な家庭を築く方が、男にとっては、はるかに意義のあることだが、家庭円満のために真剣な努力をかたむける男は、百人に一人もいない。

〈カーネギー『人を動かす』〉

私は、自分の子どもたちをビデオで撮影し、それをパソコンで編集して三分の映画にしました。それを妻に見せると、涙を流して喜んだのです。たいした作品ではないですが、私たち家族にとっては宝物です。

〈ジョブズ『NHKスペシャル　世界を変えた男スティーブ・ジョブズ』〉

カーネギー　私は、「たとえ平凡でも、幸福な家庭生活を味わっている人のほうが、独身の天才よりも数倍幸せだ」といい、家庭生活の価値を説いています。「百万の富を作るよりも、やさしい妻と平和で幸福な家庭を築く方が、男にとっては、はるかに意義のあることだ」と考えています。

ジョブズ　ただ、そのために努力をしている男性は、「百人に一人もいない」というのは、現在では適切とはいえないでしょうね。

カーネギー　そうかもしれません。ただ現在でも、そのような男性がいることは確かです。

ジョブズ　「私は人生を愛している。心の底から。世界一素晴らしい家族を得て、この仕事にも出会えた。家族を愛し、アップルの舵取《かじと》りを愛し、ピクサーを愛している」と、私は思っています。この順番が、大切なのです。

カーネギー　生活のすべてが充足され、幸せを感じているあなたの姿が、よく見えますね。

ジョブズ　ありがとうございます。私にとって、特に家庭生活の充実は、仕事にも反映して意欲を高めているのです。年齢を重ねるほどに私は、仕事とともに家族の幸福を以前より大切にするようになりました。

カーネギー　男性が仕事に注ぐだけの熱意を、もう少し家庭にも注げば、人生の幸福を手に入れることができるのですけどね。

⑭伴侶の好ましいところと自分の至らないところを表にしてみる

もし結婚生活が暗礁《あんしょう》に乗り上げそうになったら、自分の伴侶の好ましいところと、夫や妻としての自分の至らないところを表にして比較してはどうか。人生の転機となるかもしれない。

〈カーネギー『名言集』〉

僕にとっての機会均等とは、何よりもまず優れた教育だ。

〈ジョブズ『スティーブ・ジョブズ全発言』〉

ジョブズ　今回は先に話させてください。私は、仕事においても家庭においても機会均等であることを望んでいます。仕事においては、社員に同等の環境と機会を与えました。そのなかで、どのような創造的な仕事をするかは、それぞれの社員の能力と意欲によって異なると考えています。家庭においては、家族、特に夫婦の関係において対等の関係を望み、対等の協力関係を実践してきました。

カーネギー 職場でも家庭でも、人間関係が対等になるよう努めてきたのですね。対等の関係を築くのは簡単ではないですが、どのように築いていったのですか。

ジョブズ 対等の協力関係を築くには、家庭や学校、職場における教育と訓練が必要です。人間関係を対等と考えられるようになるには、生活のなかで学ぶことが大切なのです。子どもは、そのような親を見て育つのです。

カーネギー 私は、夫も妻も、相手に対して重要感を満たしてあげてほしいと考えています。これを満たしている夫婦は、幸せな関係にあります。

ジョブズ 夫婦は対等な関係を持つことで、お互いの重要感を満たすことができると考えます。それでは、重要感を満たしていない夫婦はどうなりますか。

カーネギー お互いの重要感を満たしていない夫婦は、不幸な関係になり、離婚する可能性も高くなります。自分を認めず、自分に感謝の気持ちを持ってくれない相手とは、長く一緒に暮らすことは難しい。私の「夫婦比較表」は、このような離婚の危機を避けるために考案したものです。

⑨⑤夫が妻に示す力は、父親のような友人のような力であるべきだ

夫が妻に対して示す力は、父親のような、友人のような力であるべきだ。権威を笠に着た暴君じみた力であってはならない。

〈カーネギー『名言集』〉

彼女は、私の人生にとって賢明な錨となる女性だった。

〈ジョブズ『スティーブ・ジョブズⅠ』〉

カーネギー　夫が妻に対して示す力は、父親あるいは友人のような力であるべきだと、私は思っています。決して権威を笠に着た暴君じみた力であってはならないのです。

ジョブズ　男が権威を笠に着た暴君じみた力を示すのは、なぜですか。

カーネギー　そのような傾向は、特に収入の多い男性に見られがちです。自分はこれだけ稼いでいるのだから、妻はもちろん家族はみな、自分のいう通りにすべきだと考える。逆に、収入が平均的およびそれ以下の夫は、妻の献身に対してそれを認め感謝し、より親和的な関係を持つ傾向がある。結婚には収入も大事ですが、お互いが感謝の気持ちを持って生活する

ことがより大切です。

ジョブズ　私は、一九九一年、三六歳のときに、二七歳のローリーン・パウエルと結婚しました。そしてローリーンを愛し、尊敬して、彼女といると安心できました。

カーネギー　彼女は、あなたにとってどのような存在でしたか。

ジョブズ　私にとって賢明な錨《いかり》となるような存在でした。彼女は頭がよく、私に知的な刺激を与え、かつ上下に激しく揺れる私の嵐のような性格に耐え、それを支えてくれたのです。尊敬し合う対等の協力関係を大切にしていました。

カーネギー　人と人の関係が近くなるほど、意外に、協力的で親愛な関係を持つのが難しくなります。夫婦関係がその典型。関係が近いがゆえに自分中心になりがちです。相手を従わせ、批判ばかりしているとすれば、その結婚はうまくいきません。夫婦は、主従関係であってはならないのです。

㊻子どもに大金を残したら、その人生を台なしにする

何よりも、子どもが自力でできることには手を貸さないことだ。自分で自分の成功を育てる特権と感激を取り去ってはいけない。

〈カーネギー『人を動かす』〉

死ぬ時に子どもに巨額の金を残したいとは思わない。子どもの人生を台なしにするだけだからね。

〈ジョブズ『1分間スティーブ・ジョブズ』〉

ジョブズ　ここでも先にスタートさせてください。私は、「父が自分にしてくれたように、自分も子どもにしてあげたい」と考えてきました。

カーネギー　あなたの父上は、どのような人でしたか。

ジョブズ　私の父は物作りの人で、私は小さいときから物作りの手ほどきを受けました。その経験は、私がアップルを創業したときにも役立ったと思います。

カーネギー　仕事を始めてからしばらくして、あなたは大富豪の仲間入りを果たしました。心境のうえで何か変わることがありましたか。

ジョブズ　確かに、私は二五歳のときに大富豪の仲間入りをしました。しかし、そうなっても私は、子どもに巨額の金を残したくないと考えました。巨額の金を残して甘やかしては、子どもの自立心を損ねてしまいますからね。

カーネギー　私は、「もし、子どもにかけるだけの愛情を庭の草木にかけていたら、今頃、庭は雑草だらけでジャングルのようになっていることだろう」といったことがあります。子どもを甘やかして育てると、雑草だらけのジャングルになってしまうと警告したかったのです。

ジョブズ　その通りです。その点は、私の心境とよく似ていますね。

カーネギー　子どもが自分でできることは、自分でやらせるべきです。親が手を出して、いろいろ準備し、手助けをしてはいけません。親の甘やかしは、子どもにとって害にはなっても益にはなりません。

⑰幸不幸は、何を幸福と考え、また不幸と考えるか、それで決まる

不幸になる秘訣は、自分が幸福であるか否《いな》かについて考える暇《いとま》を持つことである。

〈カーネギー『道は開ける』〉

みぞおちを一発殴られて、息もできないほどだった。

〈ジョブズ『スティーブ・ジョブズⅠ』〉

カーネギー　私は、「幸不幸は、財産、地位、あるいは職業などによって決まるものではな

い。何を幸福と考え、また不幸として考えるか。その考え方が、幸不幸の分かれ目なのである」といっています。

ジョブズ　幸不幸の分かれ目は、どんな考え方によって決まるのですか。

カーネギー　人は、自分が幸福なのか不幸なのかについて考え、それについて悩んでいると、自然に不幸になってしまいます。幸福か不幸かについて考えれば、どうせ混迷のるつぼに落ちるのが関の山。そのような考え方をしないことです。

ジョブズ　自分が幸福か不幸かを考え始めることが、不幸の道につながっていくと？

カーネギー　そうです。不幸になるのはある意味、簡単で、自己中心的に自分のことを優先して考え、他者のことは二の次かまったく考えないようにすればいいのです。そして、そのなかで、自分が幸福か不幸か悩めばよい。

ジョブズ　私は、マッキントッシュの売れ行きが落ちると、CEOのスカリーとの関係がうまくいかなくなり、その結果、アップルからも追放される憂《う》き目《め》に遭いました。私にとって初めての敗北です。息もできないほどの不幸を味わった。私はこのとき、「物事は、いつも望み通りに進むとは限らない」ことを、これでもかというほど味わいました。そこから、再スタートを始めたのです。

⑱敗者が明日は勝つように時代は変わっていく

悲しみや不幸や災難にあって、身も心も荒れ果てている時は、何か作業を見つけて、頭も手足も休ませずに一心に打ち込むことだ。

〈カーネギー『名言集』〉

今日の敗者も、明日は勝者に転じるだろう。時代は変わるのだから。

〈ジョブズ『スティーブ・ジョブズI』〉

ジョブズ　私は、大きな成功を収めた後も、盛者必衰《じょうしゃひっすい》の思いを持ち続けていました。勢いの盛んな者も、いつかは衰え滅んでいく……。

カーネギー　そんなふうに考えていたのですか、意外ですね。

ジョブズ　ただ、私はそこだけに心を置かず、常に未来に向けて進んでいく勇気を持とうとしました。それが、歌手ボブ・ディランの歌につながる。そう、いま先頭を行く者は後で最後尾になり、時代は変わっていくのです。時代が、不幸も変えていくと思っています。私は、「人生で起きることの大半は、ボブ・ディランかビートルズの歌にある」と思っています。だから、二〇一六年にディランがノーベル文学賞を授与されたことを心から嬉しく思いました。

カーネギー　私は、誰もがいつかは大きな悲しみや不幸や災難に遭うものだと思っています。しかし、身も心も荒れ果てて、何も手につかずにふさぎ込んでいては、そこから抜け出すことはできないでしょう。

ジョブズ　そのようなときは、どうしたらよいのですか。

カーネギー　そのような場合どうしたらいいか。とにかく何か自分でできる作業に、一心不乱に打ち込むことです。そうして手も足も、体全体を使って熱心に行動することで、心のなかにある悲しみを忘れ去ることができる。そして、私たちは不幸に落ちたときにこそ勇気を振り絞り、他者や社会に関わるべきです。それこそが、不幸から抜け出す方法です。

⑲幸福は財産や名声にあるのではなく、自分の心のなかにある

忘れてはいけない。幸せはあなたが何者であるか、あるいは何を持っているかによって決まるのではない。何を考えるかによって決まるのだ。〈カーネギー『人を動かす』〉

すごく幸運な仕事をしてきた。本当に幸運な人生だったと思う。全部やり尽くしたんだ。

〈ジョブズ『スティーブ・ジョブズII』〉

カーネギー　私は、「幸福になるという決心をして、その決心を貫き通せば、本当に幸福になれる。人が幸福になるかどうかは、心の持ち方次第である。財産や名声では決して決まらない」と思っています。そして、「幸福になりたければ、やれ恩を返せだの、恩知らずだのといわないで、人に尽くす喜びだけを生きがいにしようではないか」と説いています。

ジョブズ　とすると、幸福になるために私たちはどうすればいいんですか。

カーネギー　どうすれば幸福になれるか——それは「人に尽くすことだ」と私は考えています。人に尽くせば、それがブーメランのように自分の幸福として返ってくると、私は確信しています。

ジョブズ　私の晩年に病気が悪化し、アップルの経営を離れるときに、こういったのです。「すごく幸運な仕事をしてきた。本当に幸運な人生だったと思う。全部やり尽くしたんだ」と。そして、「自分の好きなことをすべてやり尽くし、悔いのない人生だった」と語りました。

カーネギー　あなたの人生からすると、人の幸福はどこにあると思いますか。

ジョブズ　幸福は財産や名声ではなく、やはり自分の心のなかにあると思います。

カーネギー　人でも仕事でも、その対象が本当に好きであることが大切です。そして、人や社会に貢献していること。他者への貢献は、いずれ自分の幸福として返ってくると私は固く信じています。

⑩幸福への扉は、社会にも有用な目標を持つことで開かれる

幸福になりたければ、何か目標を立てて、それに自分の考えのいっさいを注ぎ込み、今まで抑えられていた底力を一斉に解放し、希望を高めることだ。

〈カーネギー『名言集』〉

僕が進み続けられたのは、自分のしていることが心の底から好きだったからだ。

〈ジョブズ『スタンフォード大学卒業講演』〉

ジョブズ　私は、終生《しゅうせい》仕事を愛していました。「仕事を好きだと心の底から思い込むんだ。でなければ、やりがいなんて生まれない」と、つねづねいってきました。

カーネギー　華々しい業績のあるあなたにとって、仕事をする幸福は、具体的にどこにあったのですか。

ジョブズ　私にとっての幸福は、少なくともその一部は、仕事をして世界最高の製品を作ることにありました。そして、自分のしていることが心の底から好きだったから、生涯、仕事をやり遂げることができたと思います。やはり人の幸福は、心のなかにこそあるのだ、と思います。

カーネギー　私は、幸福になる条件としては、まず目標を立てることだといっています。

ジョブズ　人生の目標、目の前にある課題の目標……それら目標を立てることが、幸福になるには、まず大切だと。

カーネギー　そうです。目標を立てたら一気呵成《いっきかせい》に攻めていく。他のことは考えず、自分の考えのすべてを注ぎ込み、底力を発揮して、目標を達成するのです。もちろん目標は、個人にも社会にも有用なものでなければなりません。もし目標が有害なものであれば、その人にも社会にも災難をもたらします。幸福への扉は、社会にも有用な目標を持つことで開かれると思います。

おわりに――カーネギーとジョブズの他者の視点と自分の視点

カーネギーとジョブズ、両者の点と線の関係について見ていきたい。両者の関係の強さを、メッセージと対論の内容から「非常に関係がある」「ある程度関係がある」「関係がない・対立している」の観点から評価していく。

カーネギーとジョブズのそれぞれ一〇〇のメッセージと対論の関係の強さについて評価した結果、四三のメッセージと対論の内容が「非常に関係がある」、三六のそれが「ある程度関係がある」、二一のそれが「関係がない・対立している」であった。

四割強が「非常に関係がある」、三割半ばが「ある程度関係がある」となっている。したがって、八割弱が「関係がある」と見ることができるだろう。この数値は、カーネギーの発想や考え方が、ジョブズのそれに、かなり反映されていると考えてよいのではないか。

この結果は、私の事前の予測を超えるものであった。同じような受け止め方をした読者の皆さんも多いのではないかと思う。もしかすると、ジョブズと資質や才能において同等に優れたものを持っている人物はカーネギーとも、ジョブズに匹敵する関係性を示すのではないかと予測される。

総合的に考えて、カーネギーとジョブズの点は、線としてのつながりを持っていた。両者をつなぐ線は、予測を超えてかなり太いものであった。

ただ、両者には確かに類似点のほうが多かったが、差異点もあった。それは、カーネギーが「他者の視点に立って物事を見る」傾向が強いのに対し、ジョブズは「自分の視点から物事を見る」傾向が強いことによっていると思う。現代に生きたカリスマ的経営者ジョブズの成功は、自分を強く押し出すことによって達成されたといえるのではないだろうか。読者の皆さんは、両者の一〇〇の小テーマに対するメッセージと対論の内容を比較して、さまざまな発見をされただろうと推察する。

本書を書き上げるためにカーネギーとジョブズ関連の書籍、発言とともに、両者の研究家の著書を参考にさせていただいた。それらは、邦文のみであるが、主要なものを巻末に参考資料として挙げさせていただいている。ここに記して、感謝の意を表したい。

また、講談社の間渕隆氏には、本書をまとめるにあたって煩雑な編集の労をとっていただいた。心よりお礼を申し上げたい。そして、本書の作成にあたり、妻福江の支えと協力があったことを記し、感謝の気持ちを添えてこの本を贈りたいと思う。

二〇一七年四月

永江誠司《ながえせいじ》

主な参考資料

〈カーネギー関係〉

デール・カーネギー　山口博（訳）『人を動かす』創元社

デール・カーネギー　香山晶（訳）『道は開ける』創元社

ドロシー・カーネギー（編）神島康（訳）『名言集』創元社

デール・カーネギー　山口博・香山晶（訳）『人生論』創元社

齊藤勇『人間関係の秘訣は、カーネギーに聞け』三笠書房

本田健『読むだけでお金に愛される22の言葉』フォレスト出版

〈ジョブズ関係〉

ウォルター・アイザックソン　井口耕二（訳）『スティーブ・ジョブズⅠ』講談社＋α文庫

ウォルター・アイザックソン　井口耕二（訳）『スティーブ・ジョブズⅡ』講談社＋α文庫

カーマイン・ガロ　井口耕二（訳）『スティーブ・ジョブズ　驚異のイノベーション　人生・仕事・世界を変える7つの法則』日経BP社

桑原晃弥『スティーブ・ジョブズ全発言─世界を動かした142の言葉』PHPビジネス新書
桑原晃弥『スティーブ・ジョブズ名語録─人生に革命を起こす96の言葉』PHP研究所
桑原晃弥『1分間スティーブ・ジョブズ─人生に革命を起こす77の原則』SBクリエイティブ
国際文化研究室（編）『スティーブ・ジョブズの言葉　愛について、仕事について、インスピレーションについて、そして死について』ゴマブックス
スティーブ・ジョブズ『スタンフォード大学卒業講演』
竹内一正『スティーブ・ジョブズ神の交渉力　この「やり口」には逆らえない！』経済界
田外孝一『スティーブ・ジョブズ自分を超える365日の言葉』リンダパブリッシャーズ
日本放送協会（制作）『NHKスペシャル　世界を変えた男スティーブ・ジョブズ』
NHKエンタープライズ（制作）『BSプレミアム　BOB DYLAN Master Of Change ～ディランは変わる～』
橋本哲児『逆境を乗り越えるジョブズ魂の言葉』ぱる出版
パブリカ（編）『スティーブ・ジョブズ人生を変革する言葉』ダイアプレス
堀江貴文（監修）『ジョブズ100の言葉　ITで「世界」を変えた男の生き方』宝島社

永江誠司

1949年、島根県に生まれる。福岡教育大学名誉教授、文学博士（広島大学）。トロント大学エリンデール校神経心理学教室・ボストン大学医学部失語症研究所客員研究員（1997～98年）。専門は、心理学、認知神経科学。
著書には、『社会脳SQの作り方　IQでもEQでもない成功する人の秘密』『世界一の子ども教育モンテッソーリ　12歳までに脳を賢く優しく育てる方法』『アドラー珠玉の教え　自分の人生を最高に生きる77のヒント』（以上、講談社＋α新書）、『子どもの脳を育てる教育　家庭と学校の脳科学』（河出書房新社）、『教育と脳　多重知能を活かす教育心理学』（北大路書房）などがある。

講談社＋α新書 508-4 C

カーネギーとジョブズの人生《じんせい》を拓《ひら》く天国《てんごく》の対談《たいだん》
アドラー哲学を実践して得た100の金言

永江誠司《ながえせいじ》

2017年4月20日第1刷発行

発行者――鈴木 哲
発行所――株式会社 講談社
東京都文京区音羽2-12-21 〒112-8001
電話 編集(03)5395-3522
販売(03)5395-4415
業務(03)5395-3615

カバー写真――Getty Images
デザイン――鈴木成一デザイン室
カバー印刷――共同印刷株式会社
印刷――慶昌堂印刷株式会社
製本――株式会社若林製本工場

ISBN978-4-06-272989-5